W0316456

Boostez vos présentations avec le storytelling

Groupe Eyrolles
61, bd Saint-Germain
75240 Paris Cedex 05

www.editions-eyrolles.com

ISBN : 978-2-212-55515-8

Yaël Gabison

Boostez vos présentations avec le storytelling

Deuxième tirage 2015

EYROLLES

« Pour nous autres humains, la fiction est aussi réelle que le sol sur lequel nous marchons. Elle est ce sol. Notre soutien dans le monde. »

Nancy Huston

Remerciements

Je voudrais tout particulièrement remercier mes clients qui m'ont permis d'illustrer ce livre avec des exemples vécus et, bien sûr, les participants de mes formations sans qui ce livre n'aurait jamais pu exister. Ils m'ont permis d'affiner, de tester, de partager et d'aimer encore plus cette méthodologie. Grâce à eux, je vois vivre et grandir, tous les jours, une technique qui m'est si chère.

Merci également à Laureen Hill, Bob Dylan et Nirvana qui m'ont accompagnée tout au long de l'écriture, à Nicolas Sarkozy, François Hollande et à tous les candidats de la présidentielle 2012 qui m'ont permis d'appliquer et nourrir le propos de ce livre, à Christopher Nolan, Steven Spielberg, Michael Mann, Pixar et à James Gray qui me montrent tous les jours à quel point les histoires nous sont nécessaires et nous structurent.

Enfin, je ne pouvais pas terminer sans dire à Alain combien il m'est précieux et à Elliott qu'il sera toujours le meilleur pour me raconter des histoires.

Sommaire

Introduction

On se raconte tous des histoires.

Je suis moi-même la reine des histoires : des histoires pour avancer, des histoires pour décrocher un contrat, des histoires pour me motiver, des histoires pour accrocher une étoile à mon avenir… La dernière grande histoire que je me suis racontée était celle qui a motivé la création de mon entreprise. Je l'ai fondée en me disant qu'un jour je travaillerais pour Richard Branson, le fondateur de Virgin.

Ça fait cinq ans maintenant. Je vais au Virgin Megastore des Champs-Élysées, je lis ses livres, mais toujours pas de Branson à l'horizon. Cela m'aura, au moins, permis de trouver mon niveau d'exigence, ma propre façon de faire et un jour, peut-être… Pourquoi oublions-nous cette merveilleuse puissance de transport et de création que sont les histoires lorsque nous faisons des présentations ? Pourquoi nous efforçons-nous d'être si sérieux, trop… en gommant toute émotion de nos écrits professionnels ? D'où vient cette croyance consistant à penser qu'on nous écoutera mieux si nous avançons seulement des chiffres ou des faits bruts dans nos présentations professionnelles ?

Je vous propose, dans ce livre, une autre façon de faire des présentations grâce au storytelling. Il y a eu tant de livres sur ce sujet. Et pourtant, lorsque j'ai voulu comprendre comment je pouvais appliquer les techniques du storytelling, je n'ai trouvé aucune recette, aucune méthode concrète. Pourtant, le storytelling est une merveilleuse technique. Très peu de gens le savent vraiment. Ils sont encore moins à la révéler.

Le storytelling serait-il un grand secret que seuls quelques initiés doivent garder pour eux ? Apparemment, oui puisqu'il n'existe à ce jour, aucune méthodologie associée à ce terme !

Je me suis longtemps demandé pourquoi. Certainement parce qu'en livrant le secret des histoires, on lèverait le voile sur la magie ou l'illusion de certaines impostures. Ce serait comme passer de l'autre côté du miroir et comprendre tous les trucs qu'utilisent les magiciens. Beaucoup se disent que, finalement, lorsqu'on connaît le « truc », il n'y a plus vraiment d'intérêt à regarder le tour ! Peut-être, aussi, parce que les gens qui maîtrisent cette technique pensent qu'elle est difficilement adaptable à autre chose que l'art, la fiction (roman, cinéma…) ou encore à de grands projets politiques. C'est bien évidemment une fausse croyance : cette technique est utilisable pour tout !

Je vous propose donc une méthodologie originale resposant sur des techniques narratives bien connues des auteurs.

Plus qu'une méthode, je vous propose une expérience, la mienne, pour structurer vos présentations autrement. Cet « autrement » permettra à votre auditoire de suivre, de vivre, parfois de survivre pendant vos présentations. Cela est devenu un réflexe que je ne pouvais garder pour moi, tant il est jouissif, facilitateur et tellement plus agréable à écouter.

L'objectif premier de ce livre sera donc de transformer des présentations professionnelles, des recommandations ou argumentaires, en histoires qui se partagent !

Chapitre 1

Définir le storytelling une fois pour toutes

« Le verbe est un grand souverain
Qui accomplit l'œuvre des dieux
avec les corps les plus petits et les plus insignifiants :
Il peut mettre fin à la peur et soulager le deuil… »

Georgias (Ve siècle avant J.-C.)

Définition formelle du storytelling

Le storytelling est une méthode utilisée en communication. Elle est fondée sur une structure narrative du discours qui s'apparente à celle des contes, des récits. Littéralement : c'est raconter une histoire.

Elle consiste à utiliser les recettes des conteurs, des écrivains, des auteurs de cinéma, de théâtre ou de séries télévisées et à les détourner pour mieux communiquer. Cette méthode s'appuie sur un art ancestral : l'art du récit, loin d'être nouveau puisqu'il existe depuis la nuit des temps avec la Bible. Ce formidable recueil d'histoires sous-tend tous nos systèmes de pensée, nos imaginaires. Que l'on y croie ou non, elle est universelle par les messages qu'elle contient comme toutes les histoires. Les hommes, de toutes les époques, ont été bercés par les histoires. Depuis notre plus tendre enfance, nous avons tous vibré pour le héros ou la princesse. Le moindre conte possède le pouvoir d'éveiller en nous cette puissance créatrice que nul autre « produit » ne peut déclencher. Cette caractéristique unique a érigé les piliers fondateurs de nos personnalités et de nos mondes contemporains. Le storytelling a toujours eu pour vocation de créer du sens et de le faire partager. C'est comme ça ! Personne ne peut rien y changer.

Aujourd'hui encore, les histoires sont plus que présentes dans nos quotidiens, même si l'on constate, depuis quelques années, un déclin des grandes histoires, les mythes, au profit de petits récits. En descendant directement des mythes fondateurs, le storytelling a su rendre accessible l'art de raconter des histoires et de les transmettre. Un besoin sans doute explicable par le manque de sens si peu comblé, aujourd'hui, dans nos sociétés de l'éphémère et en manque de repères.

Tout ce qui structurait nos mondes s'est évanoui, a été déclassé : les marques sont passées du rôle de repère à celui de partenaire, les hommes politiques du rang de héros sauveurs à celui de moyens d'expression des masses ou boucs émissaires.

Ce besoin de sens latent a contribué à la résurgence du récit. Les histoires ont massivement envahi nos vies et nos écrans depuis quelques années. Elles sont le meilleur moyen de déclencher de l'émotion, donc de l'implication, elles parlent au cœur et, en même temps, à la raison. Elles ont l'avantage inestimable d'être compréhensibles et partageables par tous.

Le storytelling : une histoire d'influence... politique

Les débuts de cette technique puisent leurs origines aux États-Unis et plus précisément dans la communication politique. Les Américains y sont rodés depuis toujours. Sans doute, parce qu'ils ont été élevés par Disney, Spielberg, qu'ils ont grandi avec Scorsese, Coppola et autres maîtres du récit. Bref, ils sont tombés dedans quand ils étaient petits et ont très vite compris que l'art de raconter des histoires pouvait leur faire gagner beaucoup d'argent, mais aussi de nouvelles guerres… les guerres d'influence. C'est donc naturellement par la voie politique que le storytelling a connu ses lettres de noblesse et vécu ses premiers émois en devenant un nouveau sacerdoce au service des campagnes présidentielles américaines.

Il y a quelques années, une série de personnages vraiment sérieux, les communicants, se sont mis à apprendre et à appliquer cette technique pour construire des campagnes électorales dignes de Cecil B. DeMille et son cultissime *Les Dix Commandements* !

Tout a démarré avec Ronald Reagan, le pionnier du storytelling, président des États-Unis de 1981 à 1989, qui a réussi à entamer une carrière politique presque exclusivement grâce à cette technique. Ironie du sort ou suite logique de son histoire personnelle puisqu'il était acteur de métier ? Nul le sait vraiment… Quelques années plus tard, dans les années 1990, elle explose avec un autre grand personnage politique américain : Bill Clinton. Ses conseillers en communication de l'époque ont su parfaitement saisir le potentiel et la puissance du récit pour mener leur poulain jusqu'à la victoire à deux reprises. Ils ont travaillé dur pour construire un récit émotionnel qui mettait en scène, pour la première fois dans l'histoire des États-Unis, un storytelling aussi parfait. Ce récit tout droit sorti des plus belles fictions cinématographiques comportait l'agencement infaillible des trois éléments clés du storytelling : le triptyque héros-quête-opposant. Cette recette bien connue des auteurs et scénaristes entrait alors au service de la vie politique.

La digue était brisée entre la fiction et la réalité. On pouvait désormais croire et s'appuyer sur des fictions pour construire des personnages bien réels : les hommes politiques.

Les trois piliers du storytelling selon Bill Clinton

Un héros : Bill Clinton, l'outsider, humain, qui a les passions et les failles de monsieur et madame Tout-le-Monde : la guitare, la musique, il avoue même avoir fumé de la marijuana.

Une quête : la victoire, l'envie de faire gagner la classe moyenne, de s'inscrire dans la vie de ses électeurs, d'ouvrir l'Amérique plutôt que de jouer la carte du futur président paternaliste et protecteur.

Un opposant : les conservateurs qui encensent la protection et le protectionnisme.

Grâce à ce triptyque à l'origine des plus grands mythes fondateurs, les conseillers de Bill Clinton ont construit une véritable légende dont on se souvient encore aujourd'hui et qui a su traverser tous les orages, même celui du parjure lors de l'affaire Monica Lewinsky. Une bonne histoire est une histoire qui dure malgré les accidents !

Bill Clinton a compris le premier qu'à armes égales, c'est celui qui a la meilleure histoire qui gagne. Pour preuve, cette citation datant de bien avant son élection : « J'ai grandi avant l'ère de la télévision dans une famille sans instruction, mais intelligente, laborieuse, et épris des histoires. Les membres de ma famille m'ont appris que tout le monde a une histoire. Et ainsi, la politique est devenue une affaire bien personnelle pour moi. La politique, c'est donner aux gens de meilleures histoires », Bill Clinton (1980).

Le succès de cette technique a inspiré, par la suite, tous les futurs candidats aux présidentielles américaines, notamment le plus virtuose de tous : Barack Obama. L'histoire et les mentalités américaines ont certainement été un terreau fertile pour faire grandir le storytelling et pour faire tomber, sans aucun complexe, ni culpabilité, les barrières entre l'art, la fiction et la politique. Au pays des cow-boys, la fiction n'est jamais très loin pour y influencer.

En France, c'est Nicolas Sarkozy le premier, qui en a le plus usé et abusé (cf. p. 105).

Le storytelling professionnel : une histoire un peu trop platonique

Le storytelling a fait ses débuts en politique. Cependant, il a toujours eu de réelles difficultés à entrer dans le monde de l'entreprise. Cet univers si gauche et mal à l'aise avec les émotions et l'intime ! Il faudra attendre Steve Jobs pour voir l'art du récit entrer dans la sphère professionnelle. Le patron d'Apple a été l'un des maîtres du storytelling. Il a parfaitement su raconter son entreprise : Apple, ses échecs, ses produits et même son cancer. Il a totalement cassé la frontière entre fiction et réalité en faisant de sa vie et de son œuvre un récit unique, gorgé d'émotions et qu'il a nourri et entretenu de mille et un épisodes.

Véritable personnage qui met en scène sa propre vie, il est le seul à avoir été aussi loin dans l'utilisation de cette technique au sein l'univers professionnel. En ouvrant des brèches dans le barrage étanche entre fiction et réalité, Steve Jobs a inventé le storytelling appliqué au monde professionnel.

Cette manière d'être et de faire l'a propulsé au rang de gourou. Véritable émanation spirituelle d'Apple, il a été capable de mobiliser des millions d'adeptes dans le monde entier. Tous prêts à faire la queue pendant des heures sous la pluie, pour acheter le dernier iPad ou encore vanter, les caractéristiques du dernier iPhone. Les produits Apple sont ainsi devenus de véritables dieux vivants capables de tous les miracles. Les utilisateurs se sont transformés en fervents ambassadeurs de produits porteurs de légende, d'une âme.

Aujourd'hui, les successeurs de Steve Jobs se trouvent aux États-Unis (encore !) et sont les jeunes patrons de la nouvelle économie. Ces jeunes geeks aux dents longues de 18, 20 ans à peine, ont très vite su saisir l'opportunité « storytelling » afin de faciliter les levées de fonds ou de susciter un engouement émotionnel pour leur société. C'est le cas de Mark Zuckerberg, le facétieux patron de Facebook, ou encore de Kim Dotcom, le patron de Megaupload qui n'hésitent pas à nous conter des histoires de gangsters, de rebelles dont la génération Y raffole.

Le storytelling : le nouveau moyen de valoriser l'entreprise ?

Depuis peu, on voit apparaître le besoin de raconter tout ce qui nous entoure pour lui donner de la valeur. Comme disait Lacan : « Ce qui ne se dit pas, n'existe pas. » Tout est donc affaire de paroles, tout se dit, se montre et se monnaye. Dans ce contexte, le storytelling devrait trouver naturellement sa place puisque sa fonction première est d'inventer des histoires valorisantes. Plus encore depuis que le nouveau défi des entreprises réside dans leur capacité à générer du contenu, donc des histoires. Tout ce qui permettra de les ancrer dans une pérennité crédible pour poser de nouveaux repères dans l'esprit de leurs publics (consommateurs, salariés, fournisseurs) sera bon à prendre.

J'ai terminé récemment la structuration du discours d'une entreprise. Lorsque j'ai présenté mon travail, le patron a eu cette réaction spontanée inattendue : « L'histoire que vous avez racontée pour nous, est proche d'un actif de l'entreprise, je vais le valoriser comme tel auprès de mes actionnaires ! »

Savoir saisir l'entreprise simplement et avec émotion est une véritable aubaine en ces temps difficiles ! Lâcher le rationnel, faire parler les tableaux de chiffres et en tirer un récit transmissible permet de valoriser, de comprendre, mais surtout de créer de l'attachement. L'histoire est un langage universel qui crée de l'attachement.

La valorisation d'une entreprise est un des atouts majeurs que l'on peut désormais attendre du storytelling. Cette technique permet d'incarner, de personnaliser, de matérialiser des sentiments, de la vie dans un récit d'entreprise, souvent froid et sans aucune émotion. Ce travail sera bientôt le vecteur souvent indispensable à une identification, une adhésion et un attachement du public.

Vous comprendrez donc aisément pourquoi le storytelling connaît un tel succès aujourd'hui dans le luxe alors que tous les autres secteurs de l'économie sont à la traîne.

Le luxe est LE secteur qui peut se permettre de mettre en scène, de valoriser une légende, un héritage. Il est donc un réservoir d'histoires non seulement légitimes mais surtout inépuisables. Hermès et la sellerie, Vuitton et les malles, Moët et Chandon et le XVIIIe siècle libertin, Chanel et Coco. Toutes les entreprises de luxe ont cette particularité d'avoir un fort pouvoir d'évocation et un savoir-faire communicables : deux piliers autrement plus solides que de simples chiffres de vente désincarnés ou de jolies campagnes de publicité de moins en moins attachantes pour construire de l'engagement.

L'engagement et l'attachement sont désormais les critères d'évaluation et de valorisation des entreprises de demain. Les entreprises de luxe l'ont parfaitement compris en utilisant allègrement le storytelling comme machine à générer du contenu et, par conséquent, de la valeur. Je ne m'étendrai pas davantage sur cette utilisation du storytelling qu'ont largement traitée des auteurs comme Christian Salmon pour la politique ou Georges Chétochine pour les marques.

En revanche, nous nous concentrerons sur la deuxième fonction du storytelling, celle dont on parle moins et qui constitue pourtant son atout majeur : être une solide technique utilisée par tous les professionnels de l'écriture. Il est certainement difficile d'imaginer des auteurs de séries, de romans utiliser une technique pour générer des récits imaginaires. Vous les imaginez certainement partir d'une page blanche en se laissant porter par leur créativité, leur histoire. Ce n'est pas tout à fait vrai, car la plupart d'entre eux utilisent une technique narrative extrêmement rigoureuse pour arriver à canaliser leur pensée et ainsi, concevoir des récits les plus transmissibles et partageables. Cette technique réclame une rigueur effroyable car plus l'écrit est structuré, plus l'histoire sera maîtrisée et plus elle pourra laisser place au talent. Ne dit-ont pas que : moins les fils se voient et plus le spectacle est beau !

En maîtrisant cette technique vous pourrez poser les piliers de votre présentation comme une histoire afin de déployer pleinement votre talent. Elle s'inscrit dans la continuité de la brèche qu'a largement ouverte Steve Jobs entre l'art et le business car il est désormais indispensable de maîtriser la technique pour mettre de l'art dans son business et du business dans son art !

En quelques mots

Le storytelling est une technique ancestrale. Elle consiste à savoir raconter des histoires partageables. Elle permet de donner du sens et partager de l'émotion. Le storytelling est particulièrement utilisé dans le domaine politique, encore trop peu dans les entreprises. Il pourrait être le moyen idéal de créer de l'attachement en construisant un contenu émotionnel, diffusable dans n'importe quel média avec la garantie de ne pas perdre le message principal. Cette technique pourrait également devenir un levier de valorisation extrêmement fort de l'entreprise.

Chapitre 2

Le storytelling mérite sa place dans vos présentations

« Tout a une voix, tout a une histoire.
Les histoires se cachent partout. »

Théodore Roszak

Qu'est-ce qu'une présentation réussie ?

Faisons une petite expérience ensemble. Rappelez-vous la dernière fois que vous avez appris quelque chose pendant une présentation ? C'était quand ? Dans quelles conditions ? Avec qui ? Qu'avait fait votre interlocuteur ? Dans 99,9 % des cas, le présentateur était naturel, drôle, simple, passionné ou impliqué. Je suis sûre que vous pourrez également me raconter quelques anecdotes tirées de son discours. Vous pourrez d'ailleurs m'en rapporter uniquement les anecdotes la plupart du temps. Cela prouve une chose : la réussite d'une présentation ne tient pas vraiment à l'intelligence du discours. Elle repose en grande partie sur l'émotion qui passe entre le public et l'orateur. Cette émotion réside dans le lien inconscient que savent parfaitement tisser les grands orateurs avec leur auditoire. Ce lien se fabrique d'abord dans l'écriture du discours, car pour faire un bon oral, il faut un écrit bien construit !

Séquencer l'information n'est pas la recenser

On dit souvent que les grands orateurs font « vibrer » le public. Cette vibration émane directement de l'implication qu'ils mettront dans leurs propos, mais également du séquencement de leurs arguments. Pourquoi croyez-vous que les hommes politiques font écrire leurs discours par des communicants ? Pourquoi ces communicants sont-ils tous des rois, des maîtres du storytelling ? En tout premier lieu, parce qu'entre un discours truffé de faits et de chiffres et une histoire bien construite avec des personnages, de l'émotion et une intrigue, il y a des pourcentages d'électeurs qui sommeillent. En d'autres termes, la différence entre un rapport professionnel et une histoire contenant exactement les mêmes informations se joue dans la maîtrise de l'agencement et du séquencement des faits.

Et pourtant... Aujourd'hui, une grande quantité de présentations professionnelles comptent encore sur l'auditoire pour en reconstituer la trame, le séquencement.

Nous avons trop souvent l'impression que c'est la quantité d'informations qui fera la qualité de notre présentation. On s'astreint à montrer tout ce que l'on sait sur le sujet en espérant que l'auditoire en retirera toujours quelque chose. C'est bien sûr tout à fait faux. Les présentations « millefeuilles » (empillage de données sans lien) tuent l'auditoire !

Imaginez que vous alliez voir un film et que celui-ci soit une succession d'images ou de dialogues dénués de sens, sans avoir été montée avec un objectif bien défini, comment réagiriez-vous ? Mal. C'est exactement la même chose pour une présentation, si vous ne réfléchissez pas au séquencement de vos informations, votre présentation ne sera qu'une série de diapositives mises bout à bout autour d'un sujet. Il est donc primordial de travailler au séquencement des informations de votre présentation avant d'en écrire le contenu, pour en faire une histoire fluide. Celle-ci pourra alors être naturellement suivie par votre public sans effort.

Un petit truc pour vous motiver à mieux séquencer votre discours : lorsque vous écrivez, pensez que votre auditoire a payé sa place pour voir un bon film ou une pièce de théâtre divertissante. Pensez qu'il est là pour vous écouter et qu'il a envie d'en avoir pour son argent. Pensez qu'il veut que ce soit *vous* qui fassiez l'histoire et pas lui.

Donner du sens et l'émotion viendra naturellement

Écrire, c'est choisir ! C'est *le* choix qui produit le sens de la présentation. Il constitue la pierre angulaire d'une bonne histoire, comme d'une bonne présentation. Si vous ne choisissez pas, vous laissez le choix à votre auditoire de s'évader mentalement, de se faire une autre histoire en vous écoutant.

Le sens est ce qu'on appelle dans le jargon journalistique : l'angle. En journalisme, c'est la façon dont on traite une dépêche factuelle de l'AFP (Agence France Presse) pour la transformer en article qui présente le sujet avec un angle de vue spécifique au journal et au journaliste. Avec la même dépêche, les articles seront différents selon qu'on les lira dans *Le Figaro, Libération* ou encore *Le Parisien.*

Une présentation réussie comporte obligatoirement un angle, c'est-à-dire un éclairage pour raconter *votre* histoire.

Cas : le nouveau robot ménager

Prenons la présentation d'un nouveau produit : un nouveau robot ménager. Celle-ci pourra lister les caractéristiques formidables et exceptionnelles d'un énième produit de la marque. Cependant, si vous vous contentez d'énoncer les avantages de ce produit, votre présentation n'aura pas la même portée, ne suscitera pas la même implication que si vous démontrez à quel point ce nouveau produit permettra à une cuisinière novice de s'améliorer et d'oser faire de nouveaux plats, des mets qu'elle n'aurait jamais faits sans lui... La première présentation sera vite oubliée ; la seconde, comportant un angle, un point de vue, sera tellement plus riche pour ceux qui vous écoutent qu'ils pourront la transmettre comme s'ils en étaient parties prenantes.

En storytelling, l'angle, c'est aussi ce que nous appellerons l'intrigue ou la problématique. C'est ce qui va donner de l'émotion à votre présentation puisqu'elle va sortir de la neutralité, de l'énonciation exhaustive de faits. L'angle que vous choisirez va permettre d'impliquer votre auditoire puisque vous ne lui livrerez plus des faits bruts, mais des informations organisées autour d'un point de vue clair et unique : le vôtre. Tout cela doit vous conforter dans le fait que vous allez devoir prendre des risques en renonçant à tout dire.

Je suis parfaitement consciente de vous mettre en danger, de vous encourager à une prise de risque par rapport à ce que vous faites habituellement. Cependant, si vous voulez construire une histoire et si vous voulez vous intéresser vous-même au sujet pour mieux impliquer l'auditoire, vous devrez vous jeter à l'eau.

Marc Cherry, le scénariste de *Desperate Housewives*

Si Marc Cherry avait choisi de faire une série sur les préoccupations et la vie quotidienne des femmes de plus de 45 ans, cela aurait été nettement moins intéressant et drôle que de travailler, comme il l'a fait, autour des « petits secrets et bassesses des quadragénaires ». Il est passé d'un thème général, large et sans grande aspérité : « Les préoccupations et la vie quotidienne des femmes de plus de 45 ans » à un angle beaucoup plus fin : « Les petits secrets et bassesses des femmes de plus de 45 ans. » Cela lui a permis de parler des mêmes choses comme la difficulté de vieillir, les relations entre femmes, celles avec les hommes, mais avec un regard, un ton qui lui ont permis de construire de petites histoires nettement plus digestes qu'une grande démonstration.

Cette histoire unique composée de petites histoires n'aurait pas été possible s'il avait choisi un sujet général et s'il n'avait pas pris un angle fort et personnel. Cette série n'aurait, alors, certainement pas pu durer neuf saisons.

En règle générale, il n'y a pas de bons sujets de présentation ou de sujets plus intéressants que d'autres. C'est à vous de faire en sorte de les rendre intéressants. Vous pourrez parler du sujet le plus difficile, le plus rébarbatif et le rendre passionnant grâce à l'angle que vous aurez choisi. Il n'existe pas de bons sujets, il n'y a que des angles intéressants. Si vous ne le choisissez pas vous vous ennuierez. Dans ce cas, comment voulez-vous que votre auditoire s'amuse, s'intéresse, se sente impliqué ? Soyez donc ambitieux, et demandez-vous quel sera l'angle de votre présentation pour que celle-ci soit réussie et transmissible, que vous y preniez du plaisir.

Utiliser l'interactivité sans modération

Une présentation réussie est également celle qui saura être interactive. En effet, l'interactivité représente une ouverture de l'esprit de l'autre avec un objectif simple : y introduire des questions… Les questions que *vous* voulez qu'il se pose. L'auditoire doit avoir l'impression de participer à votre démonstration pour pouvoir s'en souvenir.

Vous allez passer du temps à écrire votre présentation, alors autant qu'elle soit reçue et comprise par votre auditoire comme vous le souhaitez. Généralement, vous pensez écrire des présentations pour donner des réponses. C'est l'inverse ! La recette de base de tout bon storyteller est de toujours poser les bonnes questions avant d'en donner les réponses. Pour cela, il vous faudra réfléchir à qui est votre auditoire et surtout quelles sont les questions qu'il peut se poser.

Ce sera votre garantie 100 % écoute !

Rappelez-vous que le désir naît du manque. Par conséquent, pour que votre auditoire vous écoute jusqu'à la fin, vous devez d'abord éveiller le questionnement pour ensuite y apporter les réponses.

Bon à savoir

Faites cet exercice auprès de vos proches : dites-leur que vous pensez qu'il devrait changer de job. Vous vous heurterez immédiatement à une levée de boucliers, à des résistances. En revanche, formulez votre avis sous forme de question du type : « Qu'est-ce que tu ferais si tu changeais de job demain ? » Vous constaterez rapidement la différence car une bonne question est cent fois plus puissante qu'une bonne réponse.

Apporter votre touche personnelle

J'ai déjà entendu tout et son contraire sur le fait de mettre des histoires personnelles ou de se livrer dans des présentations professionnelles. Je n'ai toujours pas pu me faire un avis unique et tranché. Steve Jobs, le roi du storytelling professionnel, a toujours raconté des anecdotes personnelles dans toutes ces présentations. Lorsqu'il présente un nouveau produit, il explique que c'est en regardant son fils jouer ou en recevant son courrier. D'autres présentateurs ne feront jamais aucune allusion personnelle et s'en tiendront uniquement à un discours professionnel.

Je vais donc m'appuyer sur mon expérience personnelle de présentatrice et d'auditrice de présentations pour dire qu'il n'y a pas de règle : tout est possible ! La seule vraie règle est de ne pas tricher, de dire la vérité. Si vous avez envie de partager une anecdote personnelle avec votre auditoire, faites-le ! C'est la seule chose qui compte. Quoi que vous choisissiez, il faut juste que ce soit crédible et authentique, sinon vous serez vite démasqué. Si vous avez des convictions, écrivez-les ; si le sujet vous fait penser à quelque chose de vécu, écrivez-le. L'essentiel, c'est d'être authentique.

Jeffrey Jacob Abrams, le scénariste de *Lost* au TED

Je regardais, dernièrement, la présentation du scénariste de *Lost* au TED, une conférence internationale dont la mission est de « propager des idées », et qui met gratuitement à la disposition du public les meilleures conférences sur son site web. J'ai été littéralement captivée par la façon très naturelle et très simple dont Jeffrey Jacob Abrams a expliqué comment il a écrit cette série à succès.

Il a démarré sa présentation en montrant une boîte noire, fermée, qu'il avait apportée sur scène. Il a alors expliqué que son grand-père la lui avait offerte un jour lorsqu'il était enfant en lui disant que c'était une boîte magique.

Il a raconté pendant plus d'un quart d'heure qu'il n'a jamais osé ouvrir cette boîte de peur que la magie qu'elle contenait s'en échappe. C'est en regardant cette boîte qu'il a imaginé le scénario de *Lost*. La boîte, la boîte noire d'un avion, qui sait quel chemin a emprunté son cerveau pour trouver l'idée. Le fait est qu'il n'a eu aucun mal à partager cela avec plusieurs centaines de personnes qui l'ont écouté religieusement pendant cette présentation sans penser une seconde qu'il était impudique ou cinglé. Il a juste choisi de partager ce moment d'émotion très personnel avec son auditoire. Et ça a marché ! Tout ce qu'il a raconté semblait réel et crédible.

En résumé, une présentation réussie est une présentation qui :

- développe un angle, un point de vue ;
- est interactive : qui nous inspire, qui nous fait réfléchir ;
- est émotionnelle : une présentation dont nous sortons habités, qui nous a touchés, heurtés, énervés ;

- marquante : une présentation dont on garde un souvenir, une présentation dans laquelle on rentre comme dans un film en oubliant le temps et le lieu dans lequel on se trouve parce qu'on a eu l'impression d'un dialogue ;
- et bien sûr : compréhensible de l'auditoire.

Quatre règles essentielles avant d'écrire

Une présentation est l'un des exercices de communication les plus importants et les plus difficiles de notre vie professionnelle. Elle réclame une énergie digne d'un combat de boxe à l'oral et fait appel à de véritables talents d'auteur à l'écrit.

Voici quatre règles qui vous permettront de mettre toutes les chances de votre côté pour démarrer l'écriture de votre présentation.

Règle n° 1 : n'ouvrez jamais le frigo à présentations !

Lorsque vous avez à écrire une présentation, je suis sûre que vous vous jetez sur votre frigo à présentations : l'ordinateur. Vous y cherchez d'anciennes présentations ou les diapositives qui pourraient vous resservir pour celle que vous écrivez actuellement. Vous piquez à droite, à gauche toutes les informations que vous trouvez intéressantes en vous disant que vous verrez par la suite comment relier tout ce précieux matériel.

Si vous avez bien lu le début de ce livre, vous aurez retenu une règle fondamentale qui est qu'écrire, c'est choisir ! Par conséquent, comment pourrez-vous faire un choix libre et créatif si tout est déjà prédéterminé, si vous vous mettez déjà des contraintes avant même d'avoir écrit une seule ligne ? Il est quasiment impossible de vous sortir des diapositives que vous avez choisies à l'avance pour créer quelque chose de nouveau, de frais et de spécifique. Pour éviter cela, je vous propose une première règle, basique mais réellement salutaire : éteignez votre ordinateur !

L'ordinateur est un cadre, rigide, qui vous aliène. Il ne faut absolument pas vous laisser guider par ce que vous avez déjà écrit auparavant car chaque présentation est une création originale. C'est vous le maître du jeu, pas votre ordinateur, ni vos anciennes présentations !

Règle n° 2 : peu importe la technique, pourvu qu'on ait la flamme

J'ai toujours été une grande fan de *Columbo*. Je suis capable de voir tous les épisodes de cette série, les uns à la suite des autres sans m'arrêter, pendant des heures. Je suis fascinée par ce personnage tellement agaçant et si brillant qui arrive toujours à ses fins simplement en posant des questions...

J'ai dû décrypter, analyser inconsciemment toutes les techniques de ce redoutable enquêteur, car cette façon de faire m'a grandement servie pour mes présentations professionnelles. En effet, à une époque récente, je commençais toutes mes présentations par la fin : « Je vais vous démontrer en une heure et trente diapositives comment nous allons devenir une marque de luxe grâce à un nouveau concept publicitaire ; ainsi, notre distribution pourra progresser en Asie et au Moyen-Orient et notre chiffre d'affaires et nos prix de vente augmenter de 30 %. »

Tous les regards se braquaient sur moi, les personnes présentes étaient, chaque fois, aussi incrédules et étonnées que je commence par là. L'effet passé, je déroulais ma présentation en prenant soin de la truffer de questions qui commençaient toutes par : « Vous allez me demander comment… ou pourquoi… » Je prenais un plaisir inouï à écrire ces présentations et à les délivrer à l'oral. Des réunions que nous devions faire à trois se transformaient en réunion à quatre, cinq, dix. Tout le monde avait envie d'assister à mes « enquêtes Columbo ».

Je vous raconte cette anecdote car la deuxième règle est un conseil qui s'appuie sur mon expérience personnelle. Si vous voulez prendre du plaisir dans l'écriture de vos présentations, vous avez intérêt à connecter le sujet professionnel à ce que vous aimez. Comme le dit Steve Jobs, la clé du bonheur professionnel est de « connecter les points entre eux ». Ainsi, si vous êtes fou de voile, vous pouvez, sans vous livrer totalement, inclure cette passion dans votre présentation professionnelle. Pour pouvoir intégrer ces désirs personnels dans vos présentations la deuxième règle sera donc de vous demander : quel type d'histoire aimez-vous ? Quelle passion avez-vous ? Vos présentations n'en seront que plus savoureuses pour votre auditoire et tellement plus intéressantes pour vous.

Dans mes séminaires, lorsque je pose ces questions, je suis toujours étonnée de voir que c'est le moment où les gens rougissent, bafouillent, se défendent en disant : « Je ne comprends pas la question. » Cependant, dès lors qu'ils y ont répondu, leur visage est détendu, ils lâchent leur stylo, leur posture d'élèves dociles. Alors peut commencer un vrai dialogue dans le groupe.

Vous pouvez apprendre toutes les techniques du monde, elles n'auront aucun sens sans vos envies, vos passions, vos désirs, votre personnalité. Peu importe la technique pourvu qu'on ait l'ivresse, la flamme !

Règle n° 3 : vous n'êtes pas le héros de votre présentation !

Vous êtes-vous déjà posé la question de savoir pourquoi vous écrivez une présentation ? Si je vous le demande, vous me répondrez certainement : pour expliquer, pour démontrer, pour faire comprendre, pour donner envie… Toutes ces raisons sont justes, mais si vous recherchez la vraie raison, celle qui pourrait convenir pour toutes les présentations… Réfléchissez encore. Pour quelle raison fondamentale écrivez-vous une présentation ? En réalité, vous le faites essentiellement pour convaincre.

Qu'est-ce que convaincre ? Du latin *convincere* : *con* (avec) et *vincere* (vaincre), convaincre signifie « vaincre avec ». Par ailleurs, vaincre signifie : « gagner ». Cette décomposition étymologique me semblait nécessaire pour démontrer que le mot « convaincre » inclut explicitement un accompagnement de l'autre. Vous aurez remarqué que ce n'est pas le cas de « vaincre ». Convaincre, c'est donc donner à l'autre toutes les possibilités de suivre votre point de vue et ainsi gagner sa confiance.

Il est donc parfaitement logique de dire que si votre objectif est de convaincre votre auditoire, vous n'êtes malheureusement pas le héros de votre présentation. Le héros incontestable et incontesté en sera votre auditoire. Le public est le seul à pouvoir vous donner votre légitimité, la vraie raison d'être là, il est votre seule raison d'écrire cette présentation. Il me semble donc plus qu'indispensable de chercher à mieux le connaître, à mieux comprendre ses attentes et les ressorts de sa motivation. Dans tous les cas, même si vous disposez de peu d'informations, cela vaudra toujours le coup d'imaginer ce qu'il a en tête à l'avance.

Pour vous aider à le faire, voici cinq questions qui vous permettront d'envisager toutes les possibilités et de mieux cerner votre auditoire :

- qui est-il ?
- que fait-il ?
- qu'attend-il ?
- que sait-il ?
- que présuppose-t-il ?

Ces cinq questions résument l'essentiel de ce que vous devez savoir sur l'auditoire.

Lorsque vous aurez la réponse à ces questions, vous aurez une idée plus claire du type d'éléments qu'il attend, des pièges à éviter, cela vous permettra de choisir encore plus précisément vos arguments. En effet, elles devraient grandement vous aider à concevoir une présentation interactive qui n'aura pas pour seul objectif de démontrer votre intelligence ou d'exposer votre brillante réflexion. Ces questions ont un autre avantage : permettre de déverrouiller le cerveau de votre auditoire. Grâce à elles, vous induirez tous les signes nécessaires à prouver que vous l'avez compris, que vous savez ce qu'il attend. Vos auditeurs doivent sentir que vous avez écrit cette présentation pour eux et pour personne d'autre. Je constate souvent que les projets qui tombent à l'eau, les présentations mal reçues sont davantage le fait d'un auditoire mal compris, mal impliqué, rarement celui d'un mauvais raisonnement de la part du présentateur.

Ces questions sont également la base de la construction de toutes les fictions. Les romanciers, les auteurs écrivent toujours pour quelqu'un : soit ce fameux lecteur imaginaire, idéal qu'ils ont en tête, soit quelqu'un de bien réel qu'ils veulent convaincre.

Vous faites donc le même travail qu'un auteur qui cherche à embarquer ses lecteurs, ses spectateurs dans son histoire, à les convaincre lorsque vous écrivez une présentation.

Les chemins de la conviction dans le cerveau

Savez-vous que toutes nos réactions suivent le même chemin : d'abord, nous les percevons avec notre cerveau reptilien, puis avec notre cerveau limbique et enfin avec le cortex.

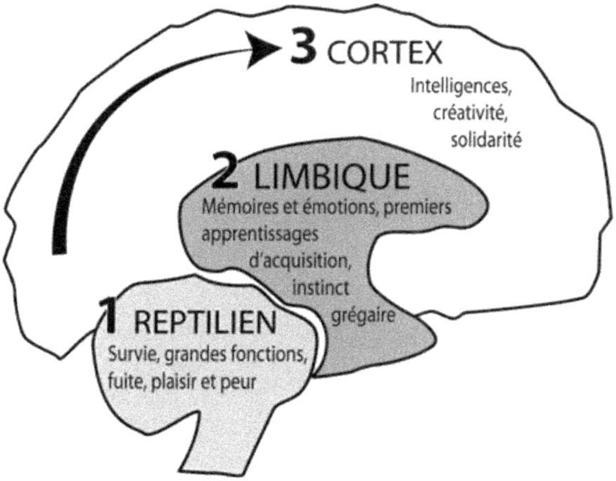

Nous avons tous besoin d'être d'abord rassurés (cerveau reptilien, celui des instincts), attendris ensuite (cerveau limbique : cerveau des émotions) pour enfin, pouvoir réfléchir (le cortex : cerveau du raisonnement). Le cortex est bien la dernière partie du cerveau qui réagit au monde extérieur. Et pourtant, curieusement, c'est celle dont on parle en permanence, celle que l'on récompense le plus. Alors que, comme le montre ce schéma, la réflexion passe d'abord par la réassurance et l'émotion. Tous les êtres humains suivent ce chemin, quel que soit le sujet dont vous parlerez. Il y a, par conséquent, une nécessité impérieuse de montrer « patte blanche » pour être écouté et compris lorsque nous avons à exposer des informations destinées à convaincre. C'est ce qu'on appelle aussi l'« empathie ».

Exercice

Dans la présentation que vous voulez écrire : que savez-vous de vos interlocuteurs ? Qui sont-ils ? Que font-ils ? Que savent-ils ? Qu'attendent-ils ? Que présupposent-ils ?

Règle n° 4 : légitimité et choix du ton, les deux piliers de l'empathie

L'empathie que vous voulez développer avec votre auditoire suppose de poser deux piliers fondamentaux qui se construisent avant même d'écrire votre présentation :

- premier pilier : votre légitimité
  votre auditoire doit savoir que vous êtes la bonne personne pour exposer le sujet dont vous allez parler. Vous devez donc, d'abord, poser les bases de votre légitimité par rapport au sujet avant de vous lancer dans la présentation elle-même. Cette légitimité dépend, en premier lieu, de votre identité. Celle-ci repose donc sur quelques éléments simples mais précis de votre histoire professionnelle qui auront pour but de rassurer l'auditoire. Si l'auditoire ne vous connaît pas, vous choisirez une ou deux expériences professionnelles passées ayant un rapport direct avec le sujet pour vous présenter. Si l'auditoire vous connaît, vous pourrez exposer la façon dont vous avez travaillé sur le sujet : la méthodologie avant d'entamer votre présentation ;
- deuxième pilier : le ton
  votre job est de choisir le meilleur moyen émotionnel de faire passer le message à votre auditoire. C'est ce que nous appellerons le « ton ». Celui-ci sera choisi en fonction des attentes et objectifs du public que vous aurez détectés grâce aux cinq questions dont nous venons de parler.

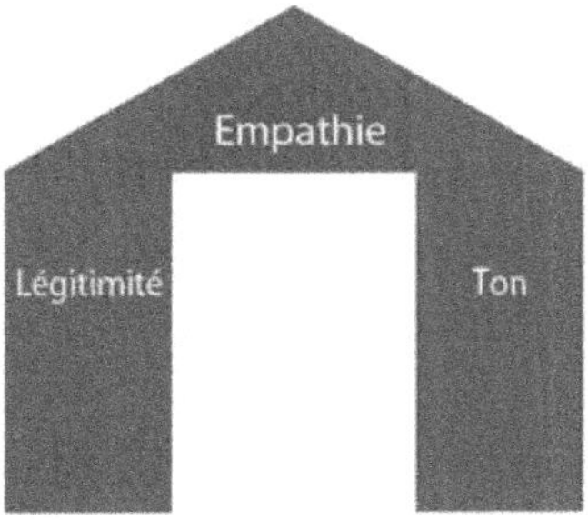

Steve Jobs est un excellent storyteller, sans doute le meilleur. En regardant ses présentations et par expérience, je me suis rendu compte qu'il n'y avait que deux tons possibles pour construire une présentation et donc pour convaincre :

- un ton rassurant. Rassurer suppose de border une démonstration d'un point de vue rationnel, de cadrer toutes les zones de flou, de chiffrer, de faire expérimenter à l'autre les résultats et les bénéfices qu'il pourra attendre de votre exposé ;
- un ton séduisant. Séduire relève d'une démarche moins rationnelle. Elle consiste à introduire des éléments qui vont principalement parler au cerveau droit (le cerveau des émotions). Dans une démonstration destinée à séduire, il ne sera pas forcément nécessaire d'apporter des preuves tangibles et rationnelles. Il vous suffira de jouer sur l'émotion que vous souhaitez faire ressentir.

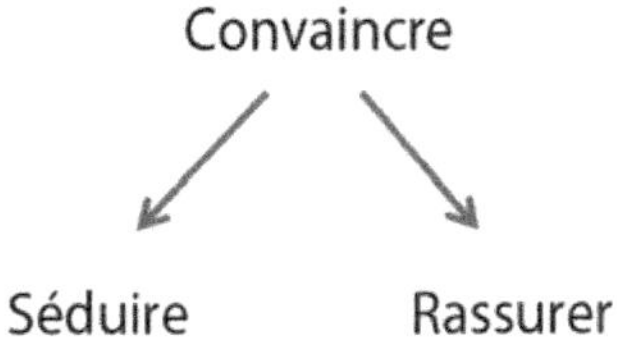

Dans la vidéo de la remise de diplôme de Stanford réalisée en 1995, Steve Jobs relate trois histoires de sa vie, examinons la première histoire. Nous pouvons constater qu'il a certainement dû se poser nos cinq questions avant d'écrire son discours :

- qui sont-ils ? Des étudiants de Stanford, l'une des plus prestigieuses universités du monde. Ils ont probablement déjà eu des propositions d'embauche de grandes entreprises à un très bon salaire avant même d'avoir terminé leurs études ;
- que font-ils ? Ils sont là pour recevoir leur diplôme de fin d'études, une consécration ;
- que savent-ils ? Ils savent que Steve Jobs est là pour leur remettre leur diplôme, qu'il est puissant, certainement celui qu'ils admirent et respectent le plus dans le monde professionnel et en tant que personne. Ils doivent également être fiers qu'il soit le parrain de leur promotion ;
- qu'attendent-ils ? Ils s'attendent à passer un moment mémorable car ils vont avoir l'opportunité d'entendre Steve Jobs, une référence de réussite professionnelle, leur parler directement ;
- que présupposent-ils ? Ils imaginent que Steve Jobs les félicitera pour ce beau parcours, qu'il les encouragera pour la suite de leur vie, qu'il les traitera comme des égaux en leur donnant tous les signes d'appartenance au même club que lui : celui des gens qui réussissent.

Examinons à présent, le message que Steve Jobs fait passer. En substance, il leur dit : « Ayez des passions, faites ce que dicte votre cœur car ce ne sera pas perdu un jour ou l'autre, vous réussirez à connecter ce que vous aimez et ce que vous faites et à avoir une réussite bien plus complète que celle que l'on vous aura dictée. » Vous constaterez qu'il y a un hiatus entre ce que les étudiants attendent et ce que Steve Jobs leur dit. La seule et unique chose qui unit leurs attentes et son discours : une intention positive de bien faire et de partager. Qu'a-t-il fait pour que ce message passe alors qu'il n'est pas réellement ce que les étudiants auraient pu attendre ?

Il s'est probablement demandé quel était le meilleur ton et comment se servir au mieux de sa légitimité pour faire passer son message :

- sa légitimité : il a un capital sympathie très fort et est reconnu comme l'un des maîtres du monde. Cependant, c'est également le plus grand provocateur que le monde professionnel ait connu. Il a donc décidé de suivre cette particularité identitaire majeure : la provocation ;
- le meilleur ton pour être entendu : le meilleur moyen d'être reçu cinq sur cinq a été, selon lui, de prendre un point de vue intime, de donner des preuves de la véracité de son message en puisant dans son histoire personnelle. Il a donc cherché à séduire son auditoire plutôt qu'à le rassurer.

En faisant ce choix, il savait qu'il démolirait toutes les attentes rationnelles de ces étudiants vis-à-vis de lui. Cependant, il réussit à leur montrer qu'un diplôme ne garantit pas de réussir sa vie, qu'il ne remplacera jamais le talent, qu'il ne dispense pas de faire ce qu'on a envie de faire, même si ce choix semble irrationnel. **Un message dont ils se souviendront toute leur vie.** Il a mûrement réfléchi la façon dont il allait faire passer son message pour laisser une trace marquante à cette remise de diplôme. Il est parfaitement conscient que le choix du meilleur ton pour le véhiculer dépend de lui. Personne d'autre ne pourrait choisir à sa place. Il a dû en envisager toutes les conséquences pour être prêt à toutes les objections ou dommages émotionnels occasionnés à son public.

Avant d'écrire vos présentations, vous aurez donc à choisir un ton prioritaire pour construire votre argumentation. Le juste ton est la condition indispensable pour être compris et, surtout, entendu. Vous me direz certainement que, pour certaines présentations, vous pouvez avoir besoin de vous servir de deux tons : rassurant et séduisant. Comment pouvez-vous bâtir une présentation unique en changeant de tons plusieurs fois dans votre démonstration ?

C'est exactement comme si vous demandiez à votre auditoire d'attraper deux ou trois balles de tennis lancées en même temps.

Je vous conseille de choisir un ton prioritaire et un seul. En revanche, si vous choisissez de prendre un ton séduisant, rien ne vous empêche d'avoir quelques preuves rationnelles dans votre démonstration. À l'inverse, si vous êtes rassurant vous pourrez toujours ajouter quelques éléments séduisants pour étoffer votre argumentation.

Vous pourrez également vous demander comment un auditoire composé de plusieurs individualités peut bien avoir un objectif commun. Nous sommes d'accord : il y a toujours des différences d'intérêt parmi les personnes qui vous écoutent. Cependant, essayez de répondre aux cinq questions en vous astreignant à trouver le plus grand dénominateur commun de votre auditoire.

Deux tons pour une présentation, Angel de Thierry Mugler

Angel, un parfum qui a apporté une fragrance nouvelle sur le marché du parfum pour femmes, un succès incroyable depuis vingt ans. Ce parfum a 20 ans. 20 ans, c'est jeune, mais c'est également une réelle ancienneté pour un produit comme le parfum. Il est désormais porté par une cible vieillissante : les femmes de 40 à 70 ans. La marque souhaiterait séduire de nouvelles porteuses. Comment le remettre au goût du jour ?

Le message à faire passer est : Angel a 20 ans, vingt ans de succès qui font passer ce parfum de l'état de phénomène de mode qui a fait son succès dans les années 1990 à un parfum mythique.

Si je choisis un ton rassurant, cela donnera un discours de ce type : « Angel possède X % de parts de marché. Une belle performance, mais en stagnation. Les nouvelles acheteuses se font rares. Comment faire en sorte de redonner une actualité, une modernité à ce parfum ? La solution : en le repositionnant comme un parfum mythique grâce à des égéries plus jeunes et à un univers de communication "l'au-delà" remis au goût du jour. Cette démarche devrait apporter à la marque une nouvelle dynamique de + X % d'acheteuses supplémentaires chaque année et le rajeunissement de la cible des porteuses. »

Si je choisis un ton séduisant, cela donnera : « Il était une fois, un ange, qui avait décidé de revenir sur Terre pour ses 20 ans. Il apporte avec lui une étoile à l'odeur incroyable. Cette odeur existe depuis la nuit des temps, mais il est le seul à avoir réussi à la capturer. C'est son cadeau aux Terriennes. Pour annoncer sa venue et montrer que cette étoile odorante est un mythe ancestral, il a décidé de faire une fête où il invitera les plus belles terriennes de 15 à 70 ans pour en faire des ambassadrices. »

Vous constaterez qu'avec le même contenu il est possible de faire deux présentations différentes. Quel est le meilleur choix ? Il dépend de votre position dans l'entreprise (votre légitimité) et de ce qu'attend votre auditoire (son objectif, ses attentes).

Si vous êtes un directeur financier, vous ne pourrez bien évidemment pas adopter le même ton que si vous êtes un directeur artistique ou marketing. De plus, votre auditoire n'aura certainement pas les mêmes attentes selon votre fonction. C'est à vous de faire le meilleur choix de ton en tenant compte de ces deux variables : votre légitimité et les attentes de votre auditoire.

Exercice

Dans la présentation que vous voulez écrire : quel ton souhaitez-vous adopter pour faire passer au mieux votre message : rassurant ou plutôt séduisant ?

En quelques mots

Ce que vous devez faire avant de commencer à écrire votre présentation :

- ✓ éteindre votre ordinateur ;
- ✓ vous souvenir des histoires que vous aimez ;
- ✓ imaginer votre auditoire et vous poser les cinq questions fondamentales ;
- ✓ déduire de cette investigation le ton que vous voulez adopter pour votre présentation : séduisant ou rassurant ?

Chapitre 3

Construire votre présentation comme une histoire

« Le récit, le conte et l'histoire
sont le chemin le plus court
et le moyen le plus percutant
pour créer du sens et le partager. »

Stephen Denning

Personne ne nous a jamais appris à écrire une présentation ou un écrit professionnel. On se débrouille comme on peut, en faisant et refaisant ce qu'on a vu, lu, en usant et abusant allègrement des touches « copier/coller » de son ordinateur. L'exercice se transforme souvent en une jolie représentation de jongleur qui empile les assiettes les unes sur les autres en espérant qu'aucune ne tombera. En effet, quelquefois, écrire une présentation consiste à empiler des arguments les uns sur les autres en priant pour qu'un fil conducteur apparaisse par magie aux yeux de l'auditoire.

Le plan, la structure que je vous propose de suivre s'appuie sur des techniques éprouvées empruntées à des gens dont le métier est de raconter des histoires : les auteurs, les scénaristes, les écrivains. Pourquoi avoir choisi d'utiliser la structure des histoires pour des présentations professionnelles ?

Nous sommes baignés dans les histoires depuis notre naissance et nous vivons avec jusqu'à notre mort. Elles nous construisent et structurent le monde, ce que Jung appelle l'« inconscient collectif ». Elles constituent, par conséquent, un véritable langage universel. Autre vertu non négligeable de l'histoire : le message passe, il est retenu et, il devient transmissible. Soyons clairs : l'histoire est la plus vieille recette du monde pour faire passer les messages et les faire partager. Vertu non négligeable pour vos présentations, car votre auditoire aura certainement à utiliser vos arguments pour structurer ses propres discours.

Dernier avantage : le plan storytelling vous garantira un fil conducteur solide et unique entre le début d'une présentation et sa fin, donc du sens. Il vous encouragera également à susciter de l'émotion.

Cerveau gauche et cerveau droit

L'histoire permet de parler aux deux cerveaux de l'être humain : le cerveau gauche, celui qui demande du sens, du raisonnement et le cerveau droit, celui qui réclame de l'émotion. Je suis sûre que vous ne vous souvenez pas vraiment de l'intégralité des contes de fées que l'on vous lisait quand vous étiez petit. En revanche, je parie que vous serez capable de restituer précisément le message émotionnel qu'ils contenaient. Vous aurez, par exemple, parfaitement retenu : combien il est important de garder espoir, mais pas des détails de *Cendrillon* ; qu'il faut toujours faire confiance à sa bonne conscience, mais pas des péripéties de *Pinocchio* ; qu'il y a toujours un moyen de s'en sortir, mais absolument pas des détails du *Petit Poucet*. C'est l'effet « cerveau droit » ! Il ne retient que l'essentiel du message et structure votre inconscient grâce à vos seules émotions.

Nous allons maintenant nous intéresser à la façon dont nous pouvons structurer votre présentation professionnelle en histoire pour qu'elle parle aux deux cerveaux de votre auditoire.

Le pitch : la colonne vertébrale de votre histoire, votre présentation

La quintessence de toutes les histoires du monde réside dans un message simple qui résume tout ce que nos deux cerveaux doivent retenir. Ce message s'appelle le « pitch », en langage d'auteur. Le pitch est votre garantie de raconter une seule et même histoire tout au long de votre présentation. Les auteurs de séries, de films présentent tous un pitch aux producteurs pour vendre leur projet. C'est sur lui que ceux-ci prendront la décision d'investir. Le pitch, pour un auteur, est la phrase qui lui permet de vendre la série pour la développer plus tard en plusieurs épisodes ou saisons. C'est le pitch qui déterminera le potentiel de l'histoire et de son développement. C'est donc un passage obligé pour tous les auteurs !

Le pitch représente, en une phrase, l'idée, l'essentiel de ce que vous voulez dire, *l'unique message, le message clé* d'une histoire. Servons-nous de cette recette d'auteur pour l'appliquer aux présentations professionnelles afin d'apprendre à développer un pitch professionnel, le socle d'une bonne présentation. Voici les bases indispensables pour construire un bon pitch.

Règle n° 1 : une présentation = 1 seul pitch

Une histoire = un pitch.

Une présentation = un seul pitch.

S'il y en a deux, c'est qu'il faudra deux présentations pour les développer. Même les séries de neuf saisons et quatre cents épisodes n'ont qu'un seul pitch, car elles s'appliquent à développer toujours la même histoire.

Exemple de pitch de série : je raconte « les bassesses et les petits secrets des femmes de plus de 45 ans grâce à la description de tranches de la vie quotidienne de quatre héroïnes au caractère différent pour que toutes les femmes du monde soient rassurées et se disent que rien n'est fini à 45 ans ». Cette phrase pas vraiment jolie, mais puissamment efficace, a permis de développer neuf saisons d'une série révolutionnaire, *Desperate Housewives*.

Règle n° 2 : un pitch n'est pas forcément beau

Le pitch ne doit pas forcément être une phrase bien écrite ou brillamment tournée, comme pourrait l'être un slogan publicitaire. Il doit comporter tous les éléments nécessaires à sa compréhension, être exhaustif, détaillé et formulé avec des mots simples de la vie de tous les jours. Le jargon professionnel y est donc à bannir.

Il faut savoir que votre pitch ne sera pas explicitement intégré dans votre présentation. Il représente votre propre guide et sera écrit à la main sur une feuille de papier pour votre propre usage.

Exemple : si vous devez écrire un pitch pour présenter la nouvelle stratégie commerciale d'un produit qui permettra d'augmenter les ventes de la marque.

À ne pas faire : « Je propose une méthode inédite pour challenger les ventes de sodas light. » Dans cette phrase, personne ne sait quelle est cette méthode et ce que vous voulez précisément dire « challenger ».

Écrivez plutôt : « Je propose de mettre en place un nouveau système de motivation collective pour nos vendeurs afin que toute l'équipe soit solidaire et puisse s'entraider à atteindre l'objectif de + 9 % fixé pour l'année prochaine. »

Dans la deuxième option, tout est explicite et précis, vous permettant ainsi d'être clair sur l'essentiel de ce que vous avez à dire. Cela vous aidera également à ne pas vous perdre dans les détails et à choisir la juste hiérarchie de chaque élément à développer par la suite.

Règle n° 3 : le pitch est une commode à trois tiroirs

La construction du pitch d'une présentation professionnelle comporte des règles précises que je tire de mes expériences d'auteur pour la télévision. Elle repose toujours sur trois éléments de base que nous résumerons sous la forme de trois questions clés : quoi ? comment ? pour générer quoi ?

Le « quoi »

Qu'est-ce que vous proposez vraiment dans votre présentation ?

Le « quoi » représente d'abord, votre idée, mais aussi votre angle d'attaque, celui que vous allez choisir pour intéresser l'auditoire. Il constitue, par conséquent, votre valeur ajoutée de présentateur. Vous ne vendez pas un produit, vous vendez le concept qu'il y a derrière. Le concept est la traduction de l'idée qu'il y a derrière le produit, l'angle avec lequel vous le présenterez.

Cas : la nouvelle carafe à capsules aromatisées

Si votre « quoi » est le produit : la carafe à capsules aromatisées, il ne contient pas votre valeur ajoutée mais juste la description de ce qu'on vous a demandé. En revanche, si votre « quoi » consiste en un concept : celui ludique, familial d'un procédé magique qui « transforme l'eau du robinet en une véritable boisson aromatisée naturelle que chacun peut choisir selon ses goûts », cela deviendra nettement plus intéressant. Le « quoi » est donc le concept, l'idée au-dessus du simple produit, du service ou du dispositif à présenter. Le concept, l'idée est normalement bien plus inspirant, plus valorisant que le produit, le service ou le dispositif lui-même.

Il est le cœur de ce que vous proposez dans votre présentation. Il décrit votre idée principale. En cela, il représente sa raison d'être, ce que vous défendrez. Encore une fois, il doit être exprimé en langage clair, donc n'être ni perturbé par des mots obscurs, ni comporter d'expressions trop générales, encore moins de jargon métier, superlatifs, ou mots « valises » du type « incroyable », « innovant », « surprenant »… Ces mots fourre-tout dans lesquels on peut tous mettre des significations, des interprétations différentes. Il vous faudra donc écrire une phrase parfaitement claire sur laquelle il ne peut y avoir aucune ambiguïté de sens. Soyez exigeant sur la précision de sa formulation. Pour cela, imaginez que le « quoi » résume parfaitement ce que vous voulez proposer à celui qui ne sait rien ! Écrivez-le en pensant que vous allez le lire à un enfant de 8 ans.

Le « quoi » n'est donc certainement pas une paraphrase de ce qu'on vous a demandé.

En cela, le « quoi » ne pourra pas reprendre le brief initial que l'on vous aura fait. Pour écrire votre « quoi », il vous faut avoir digéré ce que vous avez à dire et ce qu'on vous a demandé. Il ne peut pas être un résumé des éléments que l'on vous aura donnés. Je vous rappelle qu'il représente votre analyse, votre angle d'attaque du sujet. Par ailleurs, pour écrire un bon « quoi », nul n'est besoin de décrire un contexte. S'il est bien écrit, il suffira amplement à définir ce que vous avez à dire sans rien y ajouter.

Le « quoi » d'une présentation financière

Brief : « Faites-moi une présentation des chiffres de l'année écoulée »
Le « quoi » ne pourra pas être : « Je vous présente les chiffres de l'année écoulée », mais plutôt : « Je vous propose de décrypter la progression inattendue des ventes du mois de novembre qui a considérablement pesé sur le chiffre d'affaires de l'année. »

Pour vous motiver et être exigeant sur l'idée principale que doit délivrer votre pitch, dites-vous que l'auditoire est le producteur à qui vous devez donner envie.

Exemples de « quoi » :

- le lancement d'une nouvelle gamme de sodas light : « Je propose de focaliser nos investissements 2012 sur le light » ;

- la présentation d'une nouvelle façon de faire de l'eau aromatisée : « Je propose de faire de l'eau du robinet une véritable fontaine de boissons aromatisées naturelles » ;
- la présentation du bilan de l'année : « Je présente la progression inattendue de + 10 % du chiffre d'affaires de l'année » ;
- l'arrivée d'un nouveau directeur marketing : « Je vous présente notre nouveau directeur marketing dont la mission sera de moderniser le circuit de distribution ».

Le « comment »

Le « comment » représente les moyens, le dispositif, les actions que vous proposez pour mettre en œuvre votre idée (le « quoi »). Vous savez que vous parlez d'un « comment » lorsque vous pouvez mettre devant : « grâce à », « afin de » ou « en + verbe en –ant ».

Exemples de « comment ? » :

- le lancement d'une nouvelle gamme de sodas light : « En investissant 40 % du budget marketing sur les références light et la conception de campagnes de pub light » ;
- la présentation d'une nouvelle façon de faire de l'eau aromatisée : « Grâce à une carafe au système de capsules naturelles qui se décline autour de 5 parfums » ;
- la présentation du bilan de l'année : « Grâce au rebond des ventes en août 2012 » ;
- l'arrivée d'un nouveau directeur marketing : « Grâce à son expérience puisqu'il vient d'une grande enseigne de distribution ».

Le « pour générer quoi »

Il représente l'ambition, le challenge, l'objectif, la perspective concrète de ce que vous voulez atteindre grâce à votre idée. Le

« pour générer quoi » se compose généralement d'une phrase qui démarre par « pour » ou «afin de ».

Exemples :

- le lancement d'une nouvelle gamme de sodas light : « Pour féminiser la cible et augmenter nos parts de marché globales » ;
- la présentation d'une nouvelle façon de faire de l'eau aromatisée : « Pour faire la différence avec notre principal concurrent et ainsi devenir les leaders d'une nouvelle façon de consommer » ;
- la présentation du bilan de l'année : « Ce qui nous permet de dire que l'année prochaine s'annonce bien » ;
- l'arrivée d'un nouveau directeur marketing : « Pour moderniser notre distribution et augmenter notre chiffre d'affaires. »

Récapitulatif des exemples de pitchs complets (quoi + comment + pour générer quoi) :

Le lancement d'une nouvelle gamme de sodas light
« Je propose de focaliser nos investissements 2012 sur les nouveaux produits light (le "quoi") en investissant 40 % du budget marketing sur les références light et la conception de campagnes de pub light (le "comment") pour féminiser la cible et augmenter nos parts de marché globales (le "pour générer quoi"). »

La présentation d'une nouvelle façon de faire de l'eau aromatisée
« Je propose de transformer de l'eau du robinet en une fontaine de boissons aromatisées naturelles (le "quoi") grâce à une carafe au système de capsules qui se décline autour de 5 parfums (le "comment") pour faire la différence avec notre principal concurrent et ainsi devenir des leaders culturels du marché (le "pour générer quoi"). »

La présentation du bilan de l'année
« Je présente la progression inattendue du chiffre d'affaires de l'année (le "quoi") grâce au rebond des ventes en août 2012 (le

"comment"), ce qui nous permet de dire que l'année prochaine s'annonce bien (le "pour générer quoi"). »

- *L'arrivée d'un nouveau directeur marketing*

« Je vous présente notre nouveau directeur marketing dont la mission sera de moderniser le circuit de distribution (le "quoi") grâce à son expérience issue d'une grande enseigne de distribution (le "comment") ; il va nous aider à augmenter notre chiffre d'affaires (le "pour générer quoi"). »

Cela a l'air simple. Cependant, cette phrase est finalement plutôt difficile à écrire, car, là encore, elle vous oblige à faire des choix pour bien saisir l'essentiel de ce que vous avez à exposer. Une fois cette phrase écrite, vous aurez fait une grande partie du travail de structuration et de clarification de votre présentation. En effet, le pitch vous servira de ligne directrice pour l'ensemble de votre présentation. Lorsqu'il est clair, il n'y a plus de questions à se poser sur l'ensemble des éléments à inclure dans votre présentation : tous convergeront naturellement vers le message fondamental que vous venez d'écrire.

BON À SAVOIR

Les Anglo-Saxons sont rodés, depuis le collège, à ces techniques et ont l'habitude de bizuter les nouveaux arrivants dans une entreprise en les faisant accompagner par un senior deux minutes avant de rentrer dans la salle où aura lieu la présentation.

Celui-ci demandera juste devant la porte : « Qu'est-ce que tu présentes aujourd'hui ? » Le bizut sera reçu brillamment à ce torture-test s'il peut en deux minutes chrono faire comprendre à celui qui ne sait rien ce qu'il va proposer.

En résumé, le pitch est un message qui explique en une phrase ce que vous proposez, il n'a pas besoin de contexte pour être compris de n'importe qui. Il se compose de trois parties :

- le « quoi » = l'idée, l'angle d'attaque que vous proposez ;
- le « comment » = la façon dont elle se mettra en œuvre ;
- le « pour générer quoi » = l'objectif que vous vous proposez d'atteindre avec cette idée, le challenge que vous allez relever.

La structure d'un pitch complet se présentera de cette façon : « je vous propose ou je vous présente… (le « quoi ») en faisant… (le « comment ») pour… (le « pour générer quoi »). Une fois ce pitch écrit, il est temps de passer à la structuration de votre présentation, ce qu'on appelle communément le plan.

Le plan storytelling : le véritable squelette de vos présentations

Les différents types de plans que vous utilisez habituellement

Avant d'acheter ce livre, vous aviez certainement vos propres méthodes, recettes, mais peut-être aussi votre plan préféré. Celui que vous avez appris à construire à l'école, au collège, à l'université. Celui qui, plus tard, vous a sauvé un millier de fois pour écrire vos présentations professionnelles. Celui des dissertations, le plan Sciences-Po : le fameux « thèse, antithèse, synthèse ». Il y a aussi le plan que vous avez adapté d'une des présentations piquées à votre chef, celui qu'on vous aura chaudement recommandé car il a bien marché lors de la dernière présentation… En clair, vous connaissez certainement plusieurs types de plans. Le plus utilisé étant le fameux : rappel de la demande (brief), objectifs, actions…

Tous sont parfaitement valables puisqu'ils vous ont permis d'écrire vos présentations, vos recommandations, vos notes et de très bien vous en sortir jusqu'à présent. Le problème est qu'aucun d'entre eux ne vous garantit un vrai fil conducteur, un véritable lien solide et clair entre toutes les parties. Votre seule garantie réside dans votre talent. Il est cependant difficile d'être talentueux dans l'écriture de *toutes* vos présentations, n'est-ce pas ? Le temps dont vous disposez, l'intérêt que vous manifestez pour le sujet, votre conviction personnelle sont autant d'éléments qui peuvent déstabiliser cette motivation et votre talent. Cet indispensable lien devient donc, vite, une question de hasard et de temps. Malheureusement, le diable se loge dans les détails… et le danger dans le hasard ! Autrement dit, l'aléatoire peut facilement vous compromettre en mettant à mal votre motivation et la fluidité avec laquelle vous écrivez vos présentations.

Or, ne nous leurrons pas : le principal facteur de succès d'une présentation tient à ce fameux fil conducteur. Plus elle le développera, plus l'auditoire disposera de moyens pour vous suivre jusqu'à la fin. L'originalité de votre propos est un autre sujet qui ne dépend d'aucune méthodologie d'écriture, mais entièrement de vous.

Votre premier job pour faire une présentation efficace sera donc de faire tenir toutes les parties entre elles pour que votre public se repère et navigue avec vous dans le bonheur et la sérénité. Par conséquent, le principal objectif du plan que je vous propose est d'éviter à tout prix les imprévus en vous fournissant une garantie « fil conducteur » infaillible pour toutes vos présentations.

Une histoire est un fil tendu entre un début et une fin

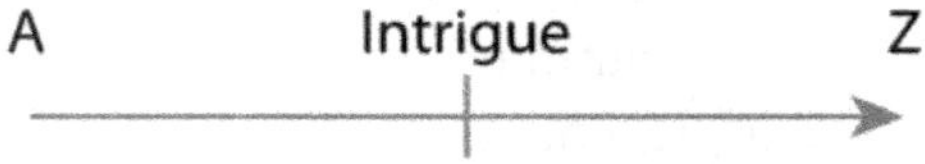

Une histoire est un chemin qui mène d'un point A à un point Z avec, au milieu, une intrigue. Nous utiliserons, par conséquent, cette recette issue des techniques narratives pour éviter à tout prix les présentations-millefeuilles, c'est-à-dire la succession de couches d'informations sans vraiment de lien entre elles. Une histoire se raconte toujours de la même façon, en utilisant une technique ancestrale. Cette technique s'appelle le « schéma narratif », base indiscutable du storytelling et de l'écriture d'histoires en général. Elle permet de construire un plan solide qui fait et a fait le succès de tous les scénaristes, auteurs, mais aussi de la plupart des responsables de communication politique.

Bon à savoir

Cette technique est au programme de la classe de quatrième. Nous l'avons, pour la plupart d'entre nous, oubliée bien vite puisque personne ne nous a jamais avertis qu'elle pourrait nous servir dans tous nos écrits et notamment les présentations.

Petit rappel : le schéma narratif classique

Le schéma narratif se décompose en cinq parties.

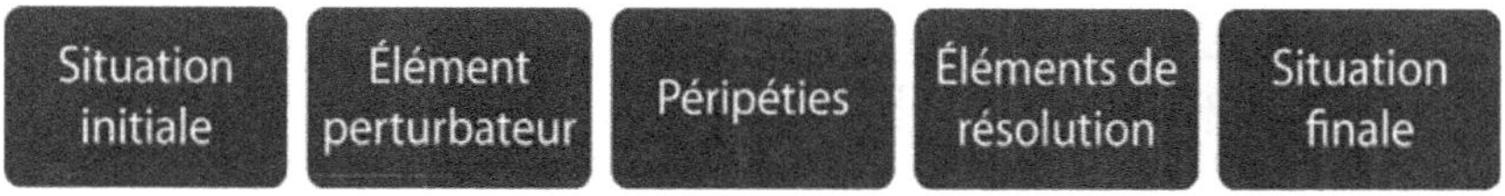

La situation initiale : le « royaume du début »

Elle représente le contexte de l'histoire où tous les personnages sont présentés. Elle relate également la situation dans laquelle ils se trouvent au début de l'histoire. Grâce à cette partie, nous apprenons à mieux les connaître. La situation initiale sert à installer le contexte et à faire percevoir aux lecteurs, spectateurs toutes les caractéristiques, imperfections, les désirs non assouvis des personnages principaux.

Exemple : le conte Cendrillon
Cendrillon est malheureuse ; élevée par une belle-mère acariâtre, elle est martyrisée par de vilaines belles-sœurs. Elle rêve de s'évader de sa condition misérable.

L'élément perturbateur : l'intrigue

L'intrigue est le moment où le problème se pose car la situation initiale ne peut plus rester en l'état : c'est le nœud et généralement l'instant de tension extrême de l'histoire. Elle contient la cristallisation de tout ce qui aura été décrit dans la situation initiale comme frustrations et déséquilibres. Elle se présente souvent sous forme de problématique.

L'intrigue utilise des ressorts dramatiques dans lequels réside le véritable art de la narration. Elle nécessite beaucoup de subtilité dans son écriture car elle devra susciter le désir de s'accrocher à l'histoire chez le lecteur, le spectateur. C'est, également, la séquence « émotions » de l'histoire. C'est à partir de l'intrigue que le lecteur, le spectateur vivra l'histoire avec son cerveau droit, celui de ses émotions.

Exemple : le conte Cendrillon

Cendrillon a une opportunité inespérée de pouvoir sortir de sa condition : un bal organisé par le Prince. Elle aimerait tellement y aller. Cependant, elle n'a aucune possibilité de trouver des vêtements et un carrosse dignes de cette occasion. Comment va-t-elle faire pour être à la hauteur et, enfin, avoir une chance de se faire remarquer par quelqu'un qui peut la sauver de sa condition misérable ?

Les péripéties : les rebondissements de l'histoire

Les péripéties sont la description de tout événement qui permettra de faire évoluer l'intrigue. Elles relatent les chemins, les détours qu'empruntera le personnage principal pour se dépêtrer de son problème. Les péripéties représentent la séquence « action » de l'histoire. Elles symbolisent une véritable révolution puisqu'elles permettront de changer le cours de l'histoire du héros.

Exemple : le conte Cendrillon

La fée, sa marraine, lui fabrique un carrosse grâce à une citrouille, elle fait coudre une robe par les petites souris, ses assistantes, et lui offre une paire de pantoufles de vair. Tout est prêt pour le bal à la seule condition de rendre tous ces cadeaux à minuit. *Heureuse, radieuse et insouciante, Cendrillon va au bal, s'y amuse follement et danse avec le Prince. Elle en oublie presque la consigne de sa marraine, pour finalement s'en souvenir juste à temps : un peu avant le douzième coup de minuit. Elle a juste le temps de s'enfuir avant que tous ces attraits ne s'évanouissent. Elle quitte le Prince en courant. Dans sa fuite, elle perd un de ses souliers. Le Prince le ramasse et garde le précieux souvenir en se jurant de retrouver sa belle dès le lendemain. Pour cela, il décide de faire essayer cette minuscule pantoufle à toutes les filles de bonne famille du royaume.*

Les éléments de résolution : la clé

Comme son nom l'indique, cette partie sera celle qui permettra de dénouer l'intrigue. Les éléments de résolution sont la partie où les problèmes commenceront à se résoudre et où le spectateur va pouvoir respirer, après avoir vibré, tremblé, pleuré pour le héros. C'est le moment de l'apaisement.

Exemple : le conte Cendrillon

Toutes les filles célibataires se prêtent au jeu, mais aucune n'arrive à chausser cette minuscule pantoufle de vair. Le Prince, désespéré, décide d'élargir l'essayage à toutes les filles du royaume. C'est au tour de Cendrillon dont le pied entre sans aucun effort à l'intérieur du joli soulier.

La situation finale : le dénouement

La dernière partie de l'histoire. Elle permet non seulement de terminer l'histoire, mais, quelquefois, d'ouvrir celle-ci sur une nouvelle question, une nouvelle intrigue qui, vous l'aurez compris, débouchera sur une suite de l'histoire.

Exemple : le conte Cendrillon

Le Prince, comblé, demande à Cendrillon de l'épouser sur-le-champ, de peur de la voir s'enfuir à nouveau. Ils se marièrent et eurent beaucoup d'enfants.

Ces parties composent le schéma narratif classique utilisé depuis des millénaires par tous les auteurs du monde pour concevoir toutes les histoires.

Schéma narratif classique

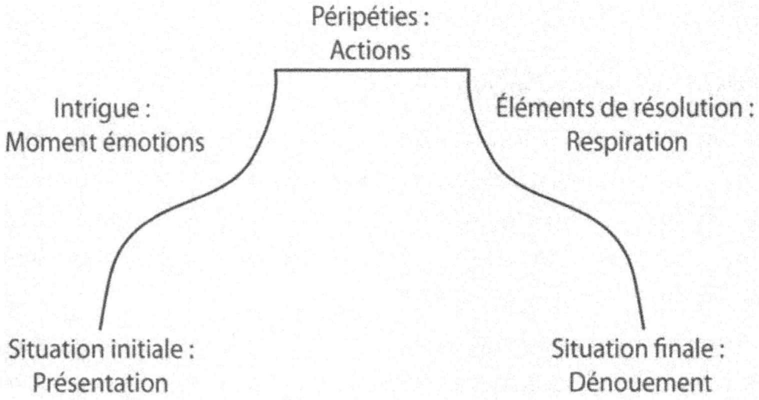

En maîtrisant cette structure, vous pourrez écrire tout ce que vous voulez : aussi bien une présentation qu'un roman, ou encore un scénario. Au risque de vous décevoir, nous allons nous focaliser uniquement sur l'écriture d'une présentation professionnelle. Pour cela, je vous propose d'utiliser le schéma narratif classique en le réadaptant pour qu'il puisse convenir aux écrits professionnels, notamment la présentation.

Le schéma narratif adapté aux présentations professionnelles

Le schéma narratif professionnel est, bien évidemment, très proche du schéma narratif classique. Lorsque vous faites une présentation, vous vous trouvez exactement dans la même situation qu'un scénariste qui doit faire ressentir des émotions à son public. Il n'y a donc aucune raison de changer les fondements de la structure qui font les bonnes histoires.

Cependant, le schéma narratif professionnel comportera un changement majeur : il se réduira à quatre parties au lieu de cinq. Ce changement par rapport au schéma narratif classique repose sur le fait que nous retirerons sa troisième partie, les péripéties.

La raison en est simple : la clarification de votre propos. Je ne suis pas sûre que votre auditoire supportera de vous entendre raconter les détours, les péripéties par lesquels vous êtes passé pour arriver à votre présentation. Cela risque de vous décrédibiliser, mais également de les perdre dans des méandres inutiles.

Bon à savoir

Il peut cependant y avoir des cas où vous ajouterez la partie « Péripéties » à vos présentations professionnelles : dans les propositions commerciales ou recommandations. Lorsque vous faites une présentation pour gagner un contrat ou celles que vous faites lorsque vous êtes en compétition contre des concurrents. Dans ce cas, vous pouvez vous permettre de raconter pourquoi vous n'avez pas retenu certaines solutions. Vous indiquerez clairement dans votre présentation pourquoi vous les avez écartées. D'une part, cela vous permettra de démontrer à l'auditoire que vous avez pensé à tout. D'autre part, vous dénigrerez de manière élégante des solutions qui seront peut-être proposées par vos concurrents.

Schéma narratif professionnel

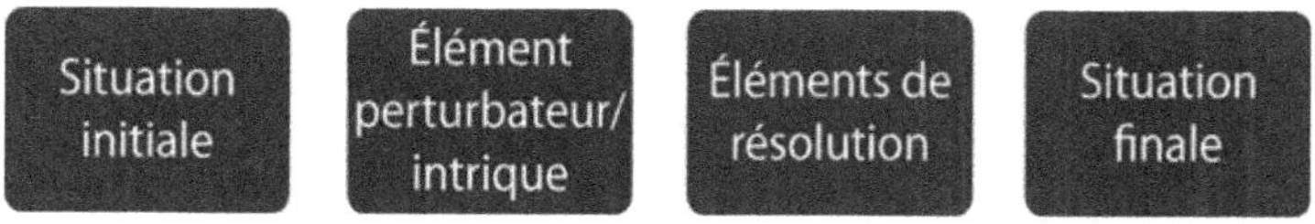

La situation initiale professionnelle

Il ne s'agit plus du contexte de l'histoire en tant que telle, mais du contexte de votre sujet professionnel. Dans cette partie, vous parlerez de l'état dans lequel se trouve la marque, le produit, le sujet dont vous souhaitez parler. Cette partie comprendra donc toutes les informations nécessaires à comprendre le point de départ de l'histoire que vous voulez raconter. Vous ne devez absolument pas être exhaustif. Il s'agit là encore de choisir de manière pertinente ce que vous exposerez à votre public. Si vous donnez une seule information de trop, vous risquez de faire perdre le fil à votre auditoire. De plus, il aura alors tendance à se focaliser sur l'information inutile. Efforcez-vous de sélectionner uniquement les éléments importants pour l'histoire que vous racontez.

BON À SAVOIR

J'ai pu constater dans mes formations une fausse croyance extrêmement répandue qui consiste à être rassuré lorsqu'on a mis toutes les informations possibles sur un sujet. Cela part d'une bonne intention qui est de montrer à l'auditoire qu'on a bien compris sa situation. Or, l'exhaustivité n'a jamais été source de clarté dans une histoire. Seules les informations utiles devront figurer dans la situation initiale. Les autres ne feront que brouiller inutilement l'esprit de votre auditoire, les frustreront ou, pire, les agaceront car ils auront l'impression que vous les prenez pour des amnésiques en répétant des choses qu'ils savent déjà. Si vous faites cela, sachez que, dans le meilleur des cas, c'est le moment où l'auditoire s'endort et, dans le pire, ce sera celui où vous commencerez à vous ennuyer vous-même.

La situation initiale est un contexte que vous vous devez d'analyser

Chaque information sélectionnée devra être analysée. Il faudra explicitement montrer ce que vous en tirez concrètement sans laisser au public le soin d'interpréter ce que vous racontez. C'est vous le maître du jeu, donc c'est vous qui devez « mâcher le travail » de l'auditoire pour être sûr qu'il vous suive dans la bonne histoire.

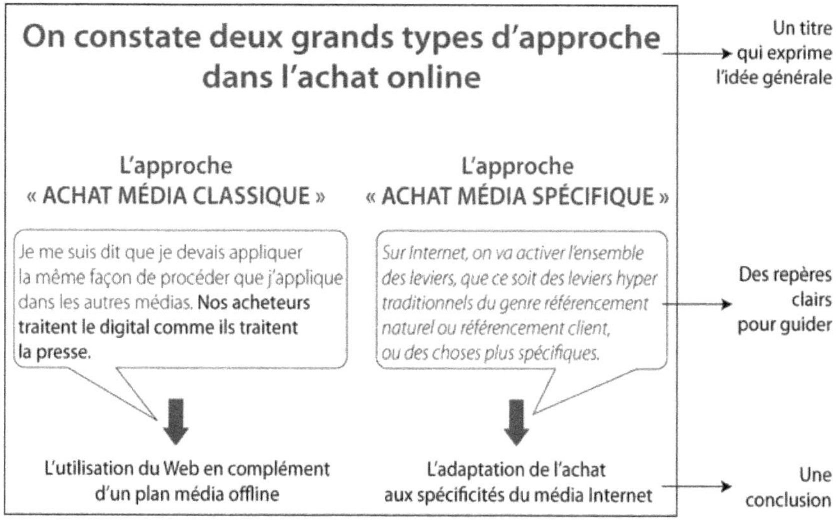

La situation initiale = le contexte analysé + le résumé des épisodes précédents si nécessaire

En plus du contexte analysé dans lequel se trouve votre sujet professionnel, la situation initiale pourra également comporter un historique. Ce que j'appelle : « le résumé des épisodes précédents ». Cela pourra être utile si vous avez des présentations récurrentes d'année en année ou si votre sujet nécessite un rappel à des présentations ou informations passées.

Bon à savoir

Une présentation storytelling repose sur les mêmes ressorts techniques qu'un film. Chaque diapositive, chaque information doit faire clairement avancer la présentation. Sinon, vous risquez de faire comme les films d'avant-garde qui comportent souvent une série de plans statiques, inutiles mais esthétiquement splendides. Je ne pense pas que ce soit vraiment ce qu'attend votre auditoire. Souvenez-vous de ce merveilleux film *Usual Suspects* où les réalisateur et monteur nous ont baladés jusqu'à la fin en nous laissant imaginer ce qu'ils voulaient bien nous faire croire. La fin n'en a été que plus spectaculaire.

Une bonne situation initiale doit être déséquilibrée

Le contexte dans lequel se trouve votre sujet doit forcément comporter un déséquilibre. Cela représente la première grande différence entre une présentation classique et une présentation storytelling. Ce déséquilibre servira à capter l'attention de votre auditoire dès le début de votre présentation. En effet, si tout est beau et sans problème, pourquoi feriez-vous cette présentation ? Et même si c'était le cas, il est nécessaire de créer ce déséquilibre pour que l'auditoire puisse rentrer dans votre démonstration plus facilement, avec de l'émotion. Lorsque tout est trop facile, le public a deux choix : décrocher ou créer naturellement ses propres complications afin de pouvoir s'accrocher à quelque chose.

En résumé : la situation initiale représente donc votre contexte dont chaque information sera analysée clairement par vous-même et non laissée en pâture à votre auditoire. Elle comportera :

- des informations utiles qui serviront tout au long de la présentation ;
- un déséquilibre : un désir de changement clairement énoncé mais soumis à des aléas démontrant qu'il n'est pas sûr qu'il se produira.

BON À SAVOIR

> Le désir naît du manque. Votre déséquilibre sera clairement conçu pour accrocher immédiatement l'auditoire, pour créer l'envie d'en savoir davantage en dramatisant le contexte. Comme n'importe lequel des personnages d'une histoire, votre sujet (la marque, un partenariat, les ventes…) a forcément un objectif, un désir comme celui de continuer une croissance bien entamée, d'effectuer des changements salutaires à vendre plus, etc., mais ils n'ont pas forcément toutes les chances d'y arriver au début.

L'élément perturbateur ou l'intrigue professionnelle

C'est le point culminant, le point le plus important de la présentation, comme celui d'une histoire fictionnelle. Il correspond au point de tension entre la situation initiale et la situation finale. Il englobe tous les enjeux auxquels vous devez répondre dans votre présentation. Il est également représentatif de l'angle, du point de vue que vous avez décidé de donner à la présentation. Il s'exprimera sous forme de *la* bonne question que vous poserez à votre auditoire.

Grâce à cette question, vous attraperez immédiatement l'attention du public. Il rentrera dans *votre* histoire plus facilement et seulement dans *votre* histoire. C'est également le moment où vous allez explicitement exprimer et pointer le manque que vous aurez induit dans la situation initiale.

L'élément perturbateur représente donc la problématique sous la forme d'une question que vous vous proposerez de résoudre par la suite. Ne dit-on pas qu'un problème bien posé représente 50 % de la solution ? Cela veut dire que si vous formulez intelligemment cette problématique, la solution arrivera naturellement, comme une évidence pour votre public. Si vous avez du talent, la tension émanant de cette question sera insoutenable et vous aurez tout l'auditoire dans votre poche. Il est donc important de passer un peu de temps à sa formulation.

Grâce à cette question, vous ne serez plus dans une posture de justification mais dans celle, beaucoup plus confortable, du partage.

Exemple d'« intrigue »

Une présentation d'études qualitatives (interviews de treize experts) dont le thème était : comment évolueront les régies internet demain ?

La problématique aurait pu être simplement : « Comment évolueront les régies internet demain ? » Cependant, l'angle que j'ai souhaité prendre pour exprimer tout l'enjeu de cette étude a été celui de « l'évolution indispensable du métier des acteurs du marché ». Il m'a donc semblé plus intéressant de poser cette nécessité sous la forme d'une intrigue, d'une question, au milieu de ma présentation :

Quels sont les métiers dans les régies qui permettront **de valoriser** l'espace publicitaire demain ?

Ainsi, toutes les personnes présentes se sont senties concernes puisqu'il s'agissait de leur avenir personnel.

En résumé : l'élément perturbateur représente votre problématique :

- elle exprime le manque induit dans la situation initiale ;
- sous forme de question.

Les éléments de résolution professionnels

Généralement, cette partie est celle qui vous pose le moins de difficultés à écrire. Elle est censée déverrouiller la question que vous aurez posée juste avant. Cela semble plutôt logique de trouver juste après l'intrigue une partie « Solutions ». La partie « Éléments de résolution » repose sur la pierre angulaire de votre présentation : votre idée (le « quoi » du pitch).

Le principe fondateur du storytelling est de mettre en scène, de magnifier l'idée pour qu'elle soit perçue comme un soulagement par le public. C'est la grande valeur ajoutée de ce que je vous propose : l'idée est placée dans la partie « Éléments de résolution » et arrive APRÈS avoir posé le problème. C'est ce qu'on appelle la « dramatisation ».

Il m'arrive de constater dans certaines présentations que cette partie est trop directement livrée à l'auditoire. C'est-à-dire qu'il n'y a aucune problématisation avant et qu'elle suit souvent un contexte beaucoup trop développé. Lorsque l'idée arrive trop vite, sans que l'auditoire y soit préparé ou après un laps de temps trop long, elle tombe à plat et a davantage de chances d'être discutée.

Exemple d'« éléments de résolution/l'idée »

Une banque en ligne plutôt haut de gamme souhaite se rapprocher de son public et devenir une banque plus proche et toujours aussi performante. L'idée (le « quoi ») : « Faire le juste maximum pour tous ses clients. »

> **L'idée :**
> **XYZ Banque propose le JUSTE MAXIMUM**
> **de services pour tous !**

Vous constaterez que l'idée n'est polluée par aucune explication, aucun détail. Elle est magnifiée, isolée. Les explications, détails, justifications arriveront plus loin. Cependant, rien ne vous empêche de faire précéder l'idée de tous les éléments qui vous permettent de l'appuyer : des partis pris stratégiques, des enseignements d'études, des caractéristiques produits à forte valeur ajoutée, des éléments de conjoncture aidants. Bref, tout ce qui pourra faire en sorte que cette idée arrive naturellement comme *la* solution incontestable de votre problématique (l'intrigue).

Ce séquencement permettra d'accompagner l'idée (le « quoi ») naturellement dans l'histoire avec tous les points d'appui nécessaires à sa compréhension, mais aussi à son adhésion.

Suite de l'exemple présentation « Banque en ligne » : les diapositives placées juste avant l'idée

Premier parti pris :

L'argent, on en parle toujours à ceux qui en ont !

- Plus elles s'adressent aux hauts revenus, plus les banques osent parler d'argent.
- En revanche, plus elles sont généralistes et plus elles utilisent des métaphores de la vie quotidienne. Comme si c'était tabou !

Il est temps pour les banques de s'adresser à tous les clients de la même façon

Deuxième parti pris :

La Banque XYZ est la plus légitime pour rassurer

L'ADN d'une assurance	La posture d'une banque
• Un univers rassurant, chaleureux. • Un rôle protecteur, dans la vie quotidienne. • Une relation de confiance installée	• Un univers d'incertitudes, froid. • Un rôle de censeur, lié à l'argent. • Une relation de confiance installée. • Des rapports de force avec les clients.
⬇	⬇
La BANQUE XYZ : Une posture de maman : le soutien vers l'autonomie.	**La BANQUE XYZ :** Une posture de maman : le soutien vers l'autonomie.

En résumé, la partie « éléments de résolution » comprendra :

- une partie analyse : tout ce qui sera utile pour amener l'idée le plus naturellement et logiquement du monde ;
- l'idée elle-même : votre stratégie, l'idée clé (le « quoi ») qui déverrouille le problème que vous avez posé avant.

La situation finale professionnelle

Dans les contes, c'est le fameux : « Ils vécurent heureux et eurent beaucoup d'enfants. » La situation finale est la dernière partie de votre présentation. Elle correspond presque symétriquement à la situation que vous avez posée au début de la présentation : la situation initiale. La situation finale propose un nouveau paradigme, plus bénéfique et positif pour votre sujet. C'est la description d'une fin heureuse. Cette partie intègre deux éléments qui se placent généralement dans l'ordre suivant :

- le déploiement opérationnel : la façon dont va se dérouler concrètement la mise en place de votre idée. Cela pourra se concrétiser sous la forme d'un plan marketing, d'un dispositif opérationnel ou toutes actions que vous proposez pour la mise en oeuvre de cette idée stratégique. Tout ce qui peut éclairer votre auditeur sur la façon dont vous allez opérer ;
- la description des résultats attendus : c'est tout ce qu'il faudra dire ou imaginer pour montrer que les objectifs ont été atteints. Cette partie présentera les résultats que vous proposez d'atteindre. Il est nécessaire d'être le plus concret et réaliste possible pour décrire les résultats attendus. Le challenge sera de montrer à l'auditoire que vous savez parfaitement où vous voulez l'emmener. Si vous restez flou, vous vous heurterez à des mouvements de panique souvent exprimés par un refus ou des questions plus ou moins agressives.

Faites en sorte que votre public ressente clairement l'impact des résultats que vous proposez. Vous aurez alors davantage de chances qu'il y adhère. N'hésitez pas à utiliser tout ce qui est possible et imaginable pour clarifier les résultats attendus : résultats, création, dessin, tableau...Ceux-ci devront, autant que faire se peut, être exprimés de manière quantitative (+ 30 % de ventes, + 15 % de parts de marché, + 2 euros d'augmentation du prix de vente...), mais aussi qualitative (devenir les leaders, dépasser notre principal concurrent, être apprécié des jeunes...). Vous verrez que cela fera toute la différence pour le public. Il adhérera plus facilement au changement que vous proposez.

Mécanisme du changement

Avoir à convaincre quelqu'un revient à lui demander d'opérer un changement dans sa vision ou son point de vue initial. Il est donc tout à fait naturel d'utiliser la courbe du changement, bien connue des managers, pour expliquer à quoi sert de détailler, de la manière la plus concrète possible, les résultats attendus des actions que vous proposez. Le cheminement classique des êtres humains face au changement est résumé dans cette courbe. Nous suivons tous ce chemin lorsque nous sommes confrontés à une nouveauté. La seule variable qui nous différencie est le temps que nous mettrons à passer d'une phase à une autre. Nous démarrons toujours, par une phase « négative » composée de deux étapes : le refus et la résignation pour, ensuite, dépasser nos peurs et, enfin, passer à une phase plus « positive » composée également de deux étapes : l'acceptation et le succès.

Le point de bascule entre la phase « négative » et la phase « positive » se situe au moment précis de « l'expérimentation ». L'expérimentation est le point de renversement de la conviction. Celui qui permet de passer du refus à l'acceptation du changement. Par conséquent, tout l'enjeu de celui qui veut nous faire changer d'avis sera d'y arriver au plus vite. L'expérimentation représente une simulation mentale positive du changement.

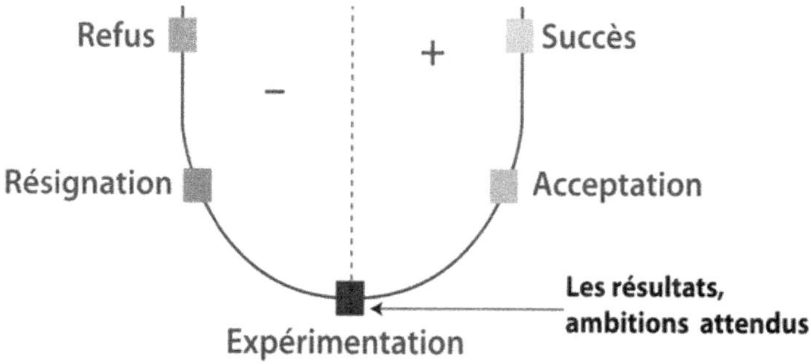

Par exemple, si vous demandez à votre auditoire de se mettre debout sur la table, certains d'entre eux pourront hésiter, ou encore y mettre beaucoup de temps. Sauf si vous montrez l'exemple vous-même. Lorsque votre auditoire vous regardera grimper sur le bureau, il simulera le changement mentalement avant qu'il ne le fasse lui-même.

Montrer un résultat attendu le plus concrètement possible à votre auditoire relèvera de la même démarche que celle de la courbe du changement. Vous leur ferez vivre le changement comme s'ils y étaient. Vous leur permettrez, ainsi, de passer plus facilement à l'acceptation et au succès de votre idée.

En résumé, la situation finale comprendra deux éléments :

- le dispositif opérationnel, les actions qui viennent expliquer comment va se déployer votre idée ;
- les résultats attendus de ce que vous proposez exprimés le plus clairement et concrètement possible sous forme quantitative et qualitative.

La structure que nous venons de voir est un parfait balancier puisque tout ce qui a été déstabilisé au début de l'histoire dans la situation initiale retrouve le chemin de l'équilibre à la fin dans la situation finale. Avec au milieu, une tension croissante pour se cristalliser sous forme de problématique (l'intrigue/l'élément perturbateur). Une présentation storytelling se vit donc en deux temps forts :

- le temps du déséquilibre :
  - la situation initiale : un état de manque de déséquilibre,
  - le point culminant : l'élément perturbateur, la question ;
- le temps du rétablissement :
  - les éléments de résolution : des points qui feront descendre la pression,
  - la situation finale : le point final bien ancré sur terre.

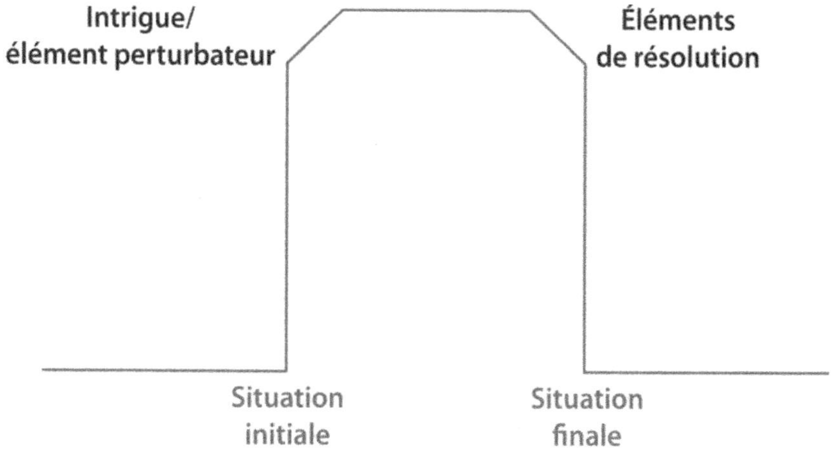

La partie « éléments de résolution » est en grande partie composée du « quoi » que nous avons détaillé dans la partie sur le pitch.

Par ailleurs, les deux éléments fondateurs de la situation finale reprennent deux notions du pitch :

- le « comment » qui correspond ici au dispositif opérationnel, aux actions que vous proposez ;
- le « pour générer quoi » qui correspond ici à la description des résultats attendus.

Vous aurez ainsi remarqué que si votre pitch est bien écrit, une grande partie de la structure de votre présentation y est représentée. Le schéma narratif professionnel a une correspondance parfaite avec les trois éléments constitutifs de votre pitch.

Le tableau de correspondance du schéma narratif professionnel avec le pitch

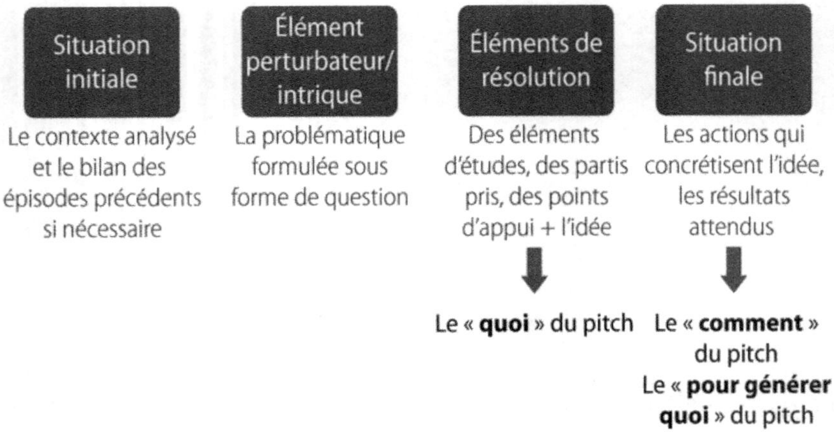

Remplir le schéma narratif professionnel

Lorsque vous aurez correctement identifié les éléments à mettre dans le schéma narratif professionnel, vous aurez pratiquement terminé la construction de votre présentation. Pour vous simplifier encore davantage la tâche, nous allons emprunter une recette bien utile aux auteurs de séries : un tableau.

	Situation initiale	Élément perturbateur	Éléments de résolution	Situation finale
	Contexte analysé	Problématique = question	Quoi	Comment
	Résumé des épisodes précédents si nécessaire			Pour générer quoi

Comme je vous l'avais dit au début de ce livre, écrire une histoire réclame la plus grande rigueur. Pour être irréprochable en termes de structure, le tableau en est la preuve ultime.

L'avantage principal du tableau est de ne pas s'éparpiller, d'avoir en un clin d'œil tous les éléments de l'histoire, de votre présentation.

Si vous vous donnez la peine de remplir de manière exhaustive les colonnes du tableau, vous allez rapidement vous rendre compte « du poids », de la proportion de chacune de vos parties, des redondances, des incohérences... Cela vous permettra de corriger ou de déplacer certains éléments avant de figer définitivement vos diapositives sur ordinateur.

Ce tableau va certainement casser le mythe de l'inspiration spontanée des auteurs. Ils ne sont pas avachis dans un fauteuil de cuir, griffonnant dans tous les sens sur des feuilles de papier, s'entassant sur un bureau au rangement douteux mais séquencent leurs idées sous forme de tableau. C'est certainement moins glamour, mais tellement plus efficace !

Cette structure sous forme de tableau vous permettra :

- de vous poser les bonnes questions ;
- d'être sûr de ne rien oublier ;
- d'avoir un plan solide.

Une des autres recettes d'auteur qui vous sera bien utile : ce tableau ne se remplit pas de gauche à droite mais de droite à gauche.

- D'abord la situation finale : le « comment » et le « pour générer quoi » du pitch ;
- Puis, les éléments de résolution : l'idée = le « quoi » du pitch ;
- La situation initiale : elle contiendra, au minimum, les éléments qui ont été transformés dans la situation finale et quelques éléments supplémentaires hautement nécessaires ;

- Enfin, l'élément perturbateur à la toute fin : essayez de trouver la meilleure question à votre solution, passez un peu de temps à formuler cette question afin que vos éléments de résolution soient mis en valeur.

	Situation initiale	Élément perturbateur	Éléments de résolution	Situation finale
	Contexte analysé	Problématique = question	Quoi	Comment
	Résumé des épisodes précédents si nécessaire			Pour générer quoi
Ordre de remplissage des parties	3	4	2	1

Cette petite astuce vous permettra de maîtriser totalement votre histoire puisque vous ferez correspondre précisément et parfaitement les éléments deux à deux avant d'écrire :

- la situation initiale avec la situation finale ;
- l'élément perturbateur avec les éléments de résolution.

Vous comprenez certainement mieux pourquoi il est nettement plus efficace d'éteindre son ordinateur. Vous aurez davantage de difficultés à commencer par la fin si vous êtes coincé par votre ordinateur. Vous risquez de ne pas voir clairement les correspondances indispensables entre les parties. Vous serez plus libre si vous les posez sur une feuille blanche.

Lorsque vous aurez l'habitude d'utiliser cette méthode, vous pourrez donc aisément écrire le pitch et le squelette du schéma narratif pour donner à écrire le détail des diapositives à l'un de vos collaborateurs en suivant ce plan.

Exercice

Pour la présentation que vous voulez écrire : remplissez les cases du tableau du schéma narratif professionnel.

	Situation initiale	Élément perturbateur	Éléments de résolution	Situation finale

En quelques mots

Tout ce que vous devez savoir pour structurer votre présentation. La structure à adopter est celle du schéma narratif revisité pour les présentations professionnelles, il comprend quatre parties :

- ✓ la situation initiale : le contexte analysé si nécessaire à partir d'éléments ou d'informations utiles du brief ;
- ✓ l'élément perturbateur ou l'intrigue : c'est la bonne question qui posera le manque que vous avez détecté dans la situation initiale, elle englobe le problème ;
- ✓ Les éléments de résolution : ils représentent les points d'appui stratégiques, les analyses, les grands enseignements et l'idée ;
- ✓ La situation finale : le déploiement opérationnel, le plan marketing, les résultats attendus de votre idée stratégique.

Vous remplirez cette structure sous forme de tableau en démarrant par la fin (la situation finale).

Chapitre 4

Les clés du contenu de votre présentation : les personnages

« Il n'y a pas de mauvais personnages,
il n'y a que de mauvais scénaristes. »

Alan Moore

Lorsque vous aurez écrit votre pitch et posé la structure du schéma narratif professionnel, vous aurez déjà fait une bonne partie du chemin vers une présentation cohérente et construite comme une histoire. Cependant, il vous manquera la « touche » émotionnelle propre à toutes les histoires que nous aimons. Pour cela, il vous faut prendre en compte un dernier élément : les personnages. Dans une histoire, il y a toujours des personnages, sinon à qui s'identifierait-on ? Pour qui vibrerait-on ? Les personnages d'une histoire ont une vertu indiscutable : ils nous permettent de nous identifier et donc de vivre des émotions plus fortes. Ils sont la chair, le sang de l'histoire. Ils participent activement à la performance du récit.

Les trois personnages principaux d'une histoire

Le héros

Personnage principal d'une histoire, le héros est celui qui agit. Celui que le spectateur va suivre tout au long du récit. Le héros est celui qui a un but, une quête. La différence entre un être humain comme vous et moi et un héros réside dans le fait que le héros a toujours une quête, un objectif clair. Dans les contes, cela pourra être de : « tuer le dragon », « trouver sa place dans le monde » ou encore « devenir grand ». C'est cette quête qui fera du conte un élément structurant de notre personnalité lorsque nous sommes enfants.

Le ou les opposant(s)

Il n'y a pas de héros sans méchant ! Les opposants sont les personnages les plus intéressants d'une histoire, car ils permettent au héros de démontrer ses performances, son agilité, son intelligence. Ils sont donc indispensables à la construction de l'histoire, mais surtout à celle du héros. Les opposants font obstacle à la quête du héros. Au cinéma, les opposants peuvent être quelquefois plus charismatiques que les héros : le Joker dans *Batman*, Robert DeNiro dans *Heat*, Kayzer Sauzé dans *Usual Suspects*... Vous aurez compris qu'ils sont mes favoris !

Le ou les adjuvant(s)

Ce sont les aides que trouve le héros pour mener à bien sa mission. Dans les contes, les adjuvants sont souvent les fées, les magiciens, les marginaux que peu de personnes voient ou entendent. Le héros est le seul, contrairement à l'être humain « normal », à voir, à entendre ou à comprendre un adjuvant. En effet, qui aurait l'idée d'écouter une grenouille parler ou d'entendre la vieille sorcière rejetée de tous, véritable bouc émissaire d'un village ? Le conte nous apprend que pour être un héros, il faut être capable d'envisager toutes les possibilités, d'écouter ce qui nous entoure et de prendre conseil auprès de n'importe quelle voix, même si elle représente un plus petit que soi, une figure moins reconnue et visible ou encore moins évidente que nos sources classiques. Seule comptera pour le héros la réalisation de son but.

Bon à savoir

L'adjuvant est l'aide à la solution, l'élément qui menera à la solution. Attention : il n'est pas la solution car le héros devra faire le chemin tout seul pour la trouver.

Ces trois personnages constituent la structure fondamentale d'une histoire et cette règle ne saurait être remise en cause dans vos présentations. Pour être sûr qu'elles soient parfaitement construites, vous devrez vérifier qu'elles comportent bien un héros et sa quête, un opposant et un adjuvant. Voyons comment faire en adaptant cette règle des trois personnages d'une fiction au domaine professionnel.

Les trois personnages de vos présentations

Le héros de votre présentation

C'est le sujet principal de votre présentation. Cela peut être la marque, le produit, le consommateur, les projets de développement de l'année prochaine, les ventes de l'année passée… Voici quelques règles pour ne pas se tromper de héros.

Règle n° 1 : bien choisir son héros !

Pour choisir le vrai héros de votre présentation, vous devez vous poser les questions suivantes :

- quel est l'élément de ma présentation dont je vais parler du début à la fin ?
- quel est l'élément qui a un besoin, un manque que je devrais combler grâce à mes actions ?
- quel est l'élément dont je vais parler car il va subir une transformation grâce à mon action ?

Je gère une marque de sodas et je présente mon plan marketing de l'année à venir. Dans ce plan, mon pitch est : « Je propose de devenir la marque du plaisir et du partage intense (le "quoi"), en faisant de la gamme light la preuve que notre marque s'adresse, à la fois, aux femmes et aux hommes et à une augmentation de 10 % des investissements publicitaires et promotionnels sur cette gamme (le "comment") afin de devenir la seule marque de soda mixte (pour les hommes et les femmes) et ainsi augmenter mes ventes de 20 % (le "pour générer quoi").

Le héros, dans cet exemple, est-il la gamme light ou la marque elle-même ?

Pour le savoir, posons-nous les questions clés :

- *quel est l'élément dont je vais parler du début à la fin de ma présentation ? C'est bien évidemment la marque elle-même ;*
- *quel est l'élément qui a un manque que je devrais combler grâce à mes actions ? La marque qui vraisemblablement a besoin de devenir une marque mixte, puisqu'elle a des faiblesses d'image sur la notion de partage ;*
- *quel est l'élément dont je dois parler car il va subir une transformation grâce à mon action ? La marque, puisqu'elle va accueillir une nouvelle marque.*

Dans cet exemple : vous savez désormais que le héros est votre marque et non pas la gamme light, ni vos investissements ou je ne sais quoi d'autre.

Règle n° 2 : savoir décrire le héros pour le faire aimer !

Dans une histoire, les informations sur le héros sont à sélectionner soigneusement afin d'avoir une vision claire de son identité. Dans une présentation, aussi ! Il vous faudra décrire tout ce que votre auditoire a besoin de savoir pour bien le comprendre : quelles sont ses forces, ses faiblesses, sa personnalité, son métier, ses relations, son histoire… Le choix de parler de tels atouts ou de telles faiblesses, de tels traits de personnalité ou de tels alliés sera toujours fait pour servir votre message principal (le pitch).

N'en dites pas trop !

Si dans un épisode de *Spiderman*, le scénariste nous donne des informations sur la relation de Peter Parker avec ses voisins de palier, mais que cela ne nous permet pas de saisir un des ressorts fondamentaux pour la suite de l'histoire, cette information n'aura aucun intérêt et perturbera même considérablement la compréhension de l'histoire.

En revanche, si l'on apprend que Peter Parker entretient des relations difficiles avec ses camarades car il est timide, blessé et faible – lorsqu'il deviendra Spiderman, il pourra enfin s'exprimer, montrer toutes ses capacités –, cette timidité aura un réel sens pour l'histoire globale.

Pour définir les informations dont vous avez besoin, vous devez repartir du pitch et plus précisément de l'idée (le « quoi »). Il est primordial que chaque élément définissant le héros puisse être relié au message principal que vous voulez faire passer.

Dans l'exemple de la marque de soda, l'idée (le « quoi » du pitch) est de devenir la marque du plaisir et du partage intense.

Vous aurez donc besoin de nous éclairer au minimum, sur :

- *la perception de la marque aujourd'hui et le fait qu'elle est plutôt masculine, vs. mixte ;*
- *la cible de la marque.*

Afin de vous aider à sélectionner ce dont vous avez besoin pour définir votre héros, voici une check-list d'informations potentiellement utiles :

- son passé : tout ce qui concerne son histoire, son héritage, ses ventes, sa croissance, sa décroissance…
- son attitude : tout ce qui concerne sa personnalité, son comportement, ses traits de caractère, ses défauts ;
- ses relations : tout ce qui concerne sa relation avec les autres, avec lui-même, les croyances qui l'entourent sur son marché, les habitudes, les comportements de ses consommateurs, de ses non-consommateurs si votre héros est un produit, ses relations avec les journalistes, ses relations avec ses salariés, ses salariés potentiels si votre héros est une entreprise ;

- son cercle de proches : toutes les informations sur les gens qui l'entourent, qui l'apprécient et qui lui ressemblent ;
- ses symboles d'expression : le logo, les couleurs, la signature pour une campagne publicitaire si votre héros est une marque.

Grâce à ce canevas, vous pourrez balayer tous les aspects de votre héros et, ainsi, vous faire une idée de ce dont vous aurez besoin pour que votre description puisse susciter la sympathie ou l'identification du public. Attention, encore une fois, vous n'êtes pas obligé de tout utiliser. Vous devez sélectionner ce qui vous sera utile. Cette liste est uniquement destinée à vous donner des idées.

Le parfum Angel de Thierry Mugler

Le pitch : « Je propose de faire d'Angel de Thierry Mugler un parfum mythique (le "quoi") en l'associant à des égéries de tout âge, des femmes reconnues pour leur beauté, leur caractère, de véritables légendes vivantes (le "comment") pour rajeunir et élargir la cible actuelle (le "pour générer quoi"). Le héros est bien le parfum Angel. »

En fonction de ce pitch, appliquons notre grille d'informations pour décrire ce héros :

- son passé : vingt ans d'histoire. Il est intéressant de constater que le passé constitue l'élément le plus important des caractéristiques du héros. Cependant, dire qu'Angel de Thierry Mugler a 20 ans n'est pas suffisant. Qu'est-ce que vous en tirez comme analyse qui pourra influer sur l'histoire ? Vous pouvez, par exemple, dire que : « 20 ans, c'est jeune mais pour un parfum, c'est également un âge mûr qui prouve qu'il est devenu un incontournable dans le paysage du parfum. » ;

- son attitude : il n'y a pas vraiment de particularité à pointer ici. Angel n'a jamais poussé une personnalité particulière, mais plutôt un univers. Nous pourrons, cependant, noter le fait qu'Angel a inventé une nouvelle fragrance qui a marqué l'histoire des parfums du XXe siècle. Cependant, c'est un parfum particulièrement marqué années 1990. Par conséquent, Angel a une personnalité de pionnier dans son secteur, mais il reste ancré dans les années 1990 ;
- ses relations : les porteuses d'Angel sont particulièrement fidèles notamment grâce au système de recharge de flacon que Mugler a inventé. On peut en conclure qu'il faudra être vigilant pour ne pas exclure les fidèles porteuses de ce parfum depuis longtemps avec des idées trop décalées ou discriminantes ;
- son cercle de proches : les porteuses d'Angel sont des femmes entre 40 et 70 ans, ce ne sont pas des jeunes femmes. On peut donc conclure que la cible est vieillissante mais extrêmement fidèle. Cependant, l'aspect « vieillissant » peut être gênant pour en faire un produit mythique, il faudra s'attacher à positiver cette caractéristique plutôt que de l'occulter ;
- ses symboles d'expression : ce sont les éléments les plus forts de la marque. Mugler s'est toujours attaché à créer un univers unique. La couleur de prédilection de ce parfum est le bleu, la forme reconnaissable est l'étoile, l'univers est celui d'un au-delà indéfinissable. Il est donc primordial de se servir de ces symboles pour continuer à affirmer une spécificité qui a fait le succès, la différence et la reconnaissance de ce produit.

Vous constatez avec cet exemple que nous avons balayé tous les éléments utiles à la description de notre héros. Grâce à cette grille, nous y voyons déjà plus clair sur notre héros.

Règle n° 3 : associer une quête au héros pour déclencher l'identification

Nous l'avons vu, tous les héros ont des quêtes. Ils sont tout entiers tournés vers ce projet. Celles-ci peuvent être indépendantes de leur volonté : des quêtes de circonstance. Les circonstances font que le héros doit trouver rapidement une solution. Exemple : Bruce Willis, dans *Die Hard,* doit sauver le monde d'un danger imminent. Elles peuvent également être des quêtes intérieures et concerner un objectif d'amélioration ou de changement de vie. Exemple : Bridget Jones qui souhaite changer de vie professionnelle et trouver l'amour. Le héros peut également avoir ces deux quêtes simultanément. Exemple : *Le Seigneur des anneaux* ou *Star Wars.*

Quel que soit son objectif, le héros n'a qu'une motivation : l'atteindre. Cela suppose une véritable relation de désir entre sa quête et lui. Pour construire un lien fort entre votre héros et sa quête, vous pourrez donc vous poser ces deux questions :

- **question 1** : en quoi cette ambition, cette quête est-elle importante pour le héros ?
- **question 2** : que se passerait-il si jamais, demain, il venait à échouer dans l'atteinte de cet objectif ?

Ces questions vous permettront de trouver les arguments chocs, les liens indéfectibles entre l'ambition et le héros dans une relation vitale de désir. Cette irrésistibilité de la quête associée au héros vous garantira l'empathie des lecteurs ou auditeurs de votre présentation.

Concernant la marque de sodas, le « pour générer quoi » était : « Afin de devenir la seule marque mixte (pour les hommes et les femmes) et ainsi augmenter mes ventes de 20 %. »

Question 1 : *en quoi cette ambition est-elle importante pour la marque ?*

Réponse : *elle ne pourra pas être considérée comme une grande marque de soda si elle ne propose pas un produit réellement fédérateur.*

Question 2 : *que se passera-t-il si jamais demain elle devait échouer dans l'atteinte de cet objectif ?*

Réponse : *son concurrent principal prendra de plus en plus de place et notre marque sera considérée comme « ringarde » car incapable de combler des attentes modernes de son public.*

Les deux types de quêtes professionnelles

Dans les fictions, comme dans la réalité, il y a toujours deux types de quêtes :

- des quêtes liées aux circonstances ;
- des quêtes d'amélioration.

J'aimerais revenir sur l'interprétation de ces deux quêtes par rapport à vos sujets professionnels.

Les quêtes liées aux circonstances peuvent s'apparenter à des objectifs professionnels qui dépendent d'éléments extérieurs comme la crise, un changement dans l'entreprise, dans l'équipe, un changement de mentalités, de croyances, d'habitudes dans le public cible... Nous parlerons alors de quêtes liées à des changements ou à des **transformations**.

Exemples de quêtes de transformation : une loi, un élément économique qui va impacter les ventes d'un produit, une crise, un article assassin sur un des ingrédients de votre produit. Ce contexte va forcer votre héros à trouver des stratégies d'adaptation. Il aura donc une ambition de transformation de sa situation.

Les quêtes d'amélioration sont plutôt liées à l'identité même de votre héros. Il cherchera à s'améliorer lui-même, à changer, à ajouter quelque chose, à enlever quelque chose, à paraître plus ou moins quelque chose afin de devenir meilleur. Votre sujet-héros devra donc créer des stratégies d'installation de son identité. Nous parlerons de quête **d'identité**.

Exemples de quête d'identité : le héros-marque veut paraître plus jeune, moins calorique. Le héros-gamme veut trouver sa place dans la gamme existante. Le héros-entreprise doit acquérir de nouvelles compétences ou encore montrer qu'il peut aussi exercer son métier autrement...

Exercice

Dans votre présentation, quel est le type de quête de votre héros ? Transformation ou identité ?

Règle n° 4 : toujours démarrer sa présentation par la description du héros !

Dans une fiction, la description du personnage principal arrive la plupart du temps au début de l'histoire. Cette façon de faire n'est pas innocente. Elle constitue la clé de l'identification. Le public peut ainsi s'accrocher à un repère dès le démarrage de l'histoire et ainsi mieux y entrer.

L'intensité de l'identification est bien évidemment variable. Elle peut se traduire par de la sympathie pour le personnage principal : nous voulons l'aider, nous sommes heureux s'il réussit à atteindre son objectif et déçus s'il échoue. Mais cela peut aussi être encore plus fort et se traduire par de l'empathie : nous nous mettons à la place du personnage principal, nous ressentons exactement ce qu'il ressent. C'est ce qui explique toutes les émotions que nous pouvons ressentir en sortant d'une salle de cinéma. Nous pouvons être contents, heureux, ou carrément sur un nuage, et à l'inverse, tristes, déçus, ou encore en état de choc ! Cette intensité dépend des différents paramètres de la description du personnage principal, le héros.

Dans vos présentations, comme dans les histoires, votre héros sera motivé par une ambition que vous devrez afficher dès le début de votre présentation, dans la situation initiale. Elle viendra parfaire la description de ce personnage auquel le public pourra alors totalement s'identifier. Cette ambition constitue une véritable motivation. Vous devrez montrer à quel point cette quête est importante pour votre sujet, et combien le héros est motivé pour l'atteindre.

Cette quête, vous l'avez déjà identifiée dans le pitch, puisque vous avez écrit un « pour générer quoi » qui correspond parfaitement à l'ambition motivante du héros. Il vous suffira donc de la mettre en avant et d'en faire une raison d'être pour le héros.

Dans vos présentations, vous démarrerez donc par la présentation du héros et sa description. Les émotions que vous procurerez à votre public passeront par une présentation professionnelle des faiblesses, des manques que vous pointerez dans cette description.

Dans l'exemple de notre marque de soda, le manque se trouve dans l'absence de possibilité de partage entre les hommes et les femmes puisque la boisson étant trop sucrée, elle ne convient pas aux femmes. Il y a donc une impossibilité : celle de ne pas pouvoir partager, mais également une absence totale de plaisir. Ce manque devient alors quelque chose de fort qui va faire naître dans votre public une nécessaire empathie pour votre héros privé de partage et de plaisir.

En résumé, vous devez, d'abord, trouver le bon héros de votre présentation. Pour cela trois questions clés :

- quel est l'élément de ma présentation dont je vais parler du début à la fin ?

- quel est l'élément qui a un manque que je devrais combler grâce à mes actions ?
- quel est l'élément dont je dois parler car il va subir une transformation grâce à mon action ?

Ensuite, vous décrirez précisément votre héros en choisissant les informations les plus pertinentes par rapport au message que vous voudrez faire passer (le pitch) et notamment l'idée du pitch (le « quoi »).

Enfin, vous démarrerez votre présentation par la description du héros afin de susciter de l'empathie ou de l'identification. Pour cela, dès la situation initiale, vous lui associerez une ambition vitale : une quête.

L'ambition, la quête correspondra au « pour générer quoi » de votre pitch. Pour qu'elle soit forte et désirable, vous vous poserez deux questions sur cette quête :

- question 1 : en quoi cette ambition est-elle importante pour votre héros ?
- question 2 : que se passera-t-il si jamais, demain, il devait échouer dans l'atteinte de cet objectif ?

Le ou les opposant(s)

Passons maintenant, aux opposants. Dans une fiction, les opposants invincibles ou totalement irréalistes découragent vite le spectateur. Dans vos présentations, c'est la même chose. Si vous affirmez que vous allez concurrencer le leader du marché avec un investissement minimal, on vous écoutera poliment en souriant et en pensant intérieurement : « Encore un qui nous prend pour des idiots et qui se prend pour un héros. » Personne ne peut s'identifier à un héros mercenaire et désarmé qui veut conquérir le monde avec seulement sa bonne volonté. Il faut donc identifier des opposants réalistes et crédibles. Par conséquent, dans un premier temps, tout comme vous avez travaillé sur le héros, il faudra identifier ses opposants.

Pourquoi chercher forcément à avoir des opposants dans une présentation professionnelle ? Comme dirait Samuel L. Jackson à Bruce Willis à la fin du film *Incassable* : « Si je n'existais pas, tu ne serais pas le héros et le monde n'aurait plus d'espoir. » L'opposant est le faire-valoir du héros.

Votre auditoire a besoin d'avoir une vision claire de ce que le sujet doit combattre pour pouvoir rentrer dans l'histoire et avoir foi dans le héros. C'est dans le diptyque héros/méchant que se trouve la dynamique narrative de votre présentation. Attention, il ne s'agit pas de chercher à apitoyer votre auditoire, mais de montrer que le sujet-héros est conscient des difficultés, qu'il ne les sous-estime pas et qu'il a donc une totale maîtrise de ce qu'il va faire.

Voici quelques règles pour identifier le ou les opposant(s) plus facilement.

Règle n° 1 : l'opposant est un obstacle partagé par le plus grand nombre

En d'autres termes, il faut que l'auditoire partage la même envie que vous de voir vaincre le méchant. Pour cela, vous devez vous demander : qui est le méchant de mon auditoire ? Est-ce les concurrents ? la décroissance ? l'image négative du héros ? la routine ?

Pour notre marque de soda, l'opposant semble être les fausses croyances des consommateurs : « Tout le monde pense que notre marque est masculine et macho. »

Cependant, si pour l'auditoire, le méchant est « le concurrent principal qui a une cible mixte », vous ne pouvez pas ignorer cette donnée car l'auditoire pourra penser que vous n'avez pas compris le problème et lâchera très vite votre démonstration. Il vous faudra tourner la formulation de l'opposant en y intégrant les concurrents : « Notre concurrent nous fait passer pour trop masculin et macho. »

Règle n° 2 : l'opposant ne peut pas être seulement méchant

L'opposant de votre héros doit être analysé de manière objective dans vos présentations, il ne peut pas avoir que des défauts. En revanche, vous pourrez mettre en lumière son système de valeurs et montrer à quel point il est différent de celui de votre héros.

■ *Les concurrents de notre fameuse marque de soda (héros) ont un historique et un positionnement de communication transversal (concernant toutes cibles : hommes et femmes). Ces atouts les aident à être perçus comme des marques mixtes. En revanche, cette mixité est envisagée sous l'angle trop « régime » : leurs sodas sont positionnés comme étant light. Ils ont donc une image de produits de privation, de produits « moins ».*

Règle n° 3 : vos opposants font obstacle à la quête de votre héros, pas au héros lui-même

L'opposant est un obstacle à la mission, à l'objectif de votre héros. Une fois l'objectif du héros posé (la quête), pour trouver le bon opposant, vous vous demanderez : qui peut faire obstacle à cette quête du héros ?

■ *L'objectif de la marque de sodas était « de devenir la seule marque mixte (pour les hommes et les femmes) et ainsi augmenter mes ventes de 20 % ».*

Qui peut faire obstacle à cet objectif ? Les concurrents, l'image de notre marque elle-même, l'absence de produits féminins dans la gamme.

Règle n° 4 : l'opposant sert à construire la tension de votre présentation

Pour construire l'intrigue de votre présentation, il vous suffira de réunir la quête du héros et son opposant. En effet, l'intrigue est la tension qui relate le fait que votre héros a un objectif à atteindre (la quête) mais qu'un ou plusieurs opposants l'en empêchent (l'opposant) : comment va-t-il faire pour s'en sortir ? (l'intrigue).

L'équation pour construire votre tension sera donc : intrigue = quête + opposant formulée sous forme de question.

L'opposition quête/opposant sera votre « truc » pour dramatiser votre présentation. Cette astuce vous permet de construire votre intrigue de manière quasi mécanique sans vous poser trop de questions.

Pour écrire l'intrigue de la présentation de la marque de sodas, il suffit d'accoler la quête et l'opposant :

- *le héros : la marque de sodas à l'image macho et masculine ;*
- *la quête : devenir une marque mixte ;*
- *l'opposant : le concurrent, plus ouvert, plus sympa qui nous fait paraître ringard ;*
- *l'intrigue : notre marque souhaiterait devenir la seule marque mixte. Comment peut-elle combattre l'image macho et masculine dans laquelle elle et ses concurrents plus ouverts, plus sympas, l'ont enfermée ?*

L'adjuvant ou les aides

L'adjuvant est l'aide du héros. Il compose un couple oppositionnel avec le méchant, l'obstacle. L'opposant empêche le héros d'atteindre son objectif alors que l'adjuvant l'y aide. Dans les présentations, l'adjuvant sera le ou les leviers qui permettront à votre sujet-héros (la marque, les ventes ou autre) d'atteindre son objectif (la quête). Les aides peuvent être externes ou internes à votre sujet-héros. Exemples d'adjuvants : les enseignements d'une étude, les comportements émergents de la cible que vous avez détectés, les tendances consommateurs, sociologiques, les caractéristiques intrinsèques de la marque, les salariés de l'entreprise, le circuit de distribution du produit, la levée de fonds que vous allez réaliser…

Attention, votre adjuvant ne pourra pas être la solution elle-même. Les aides ne font jamais l'action, c'est le héros et son idée originale qui permettront de résoudre le problème. L'adjuvant correspond aux points d'appui nécessaires pour que cette idée originale puisse arriver naturellement dans la présentation.

La question à se poser pour trouver l'adjuvant est : quels sont les éléments qui peuvent m'aider à démontrer que mon idée est la bonne ?

L'adjuvant de notre marque de soda :

- *l'idée : « Je propose de devenir la marque du plaisir et du partage intense » (« le quoi ») ;*
- *l'adjuvant : le plaisir et le partage sont deux tendances fortes de notre société.*

Tout ce que nous venons de décrire doit vous permettre de trouver le contenu de votre présentation plus facilement.

Ce triptyque héros/opposant/adjuvant constitue le cœur de votre histoire. Il constitue également votre balise pour être sûr que :

- votre histoire est cohérente ;
- le héros et sa quête sont valables ;
- l'opposant est un obstacle précis à la quête ;
- les adjuvants sont adéquats à votre idée.

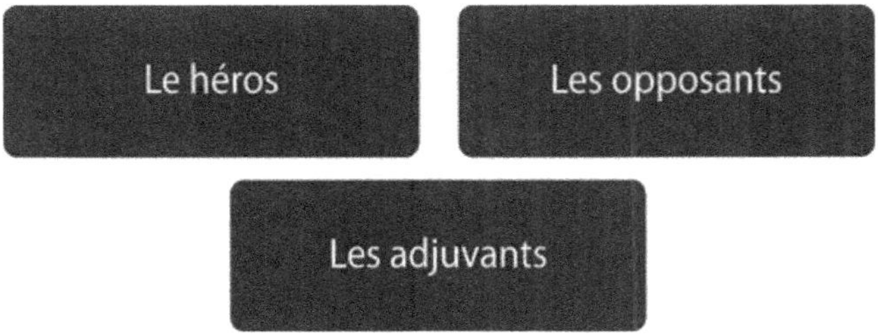

En résumé, le cœur de votre présentation réside dans les trois éléments/personnages que nous venons de voir :

- le héros : votre sujet, la description de ses atouts, ses faiblesses, sa quête ;
- l'opposant : les obstacles à la mission du héros ;
- les adjuvants : tout ce que vous aurez mis en lumière pour arriver à votre idée.

Exercice

Pour la présentation que vous voulez écrire : qui est le héros ? Décrivez-le. Quelle est sa quête ? Quel est son objectif ? Qui sont ses opposants ? Quels adjuvants avez-vous trouvés ?

Quelques suggestions pour bien utiliser ce triptyque

N'oubliez pas d'être honnête dans les descriptions de chacun de ces éléments. Si vous n'êtes pas sûr, annoncez que vous posez des hypothèses. Si vous avez des convictions, dites-le. Ne vous contentez pas de répéter ce que l'auditoire sait déjà. Rappelez-vous que vos lecteurs, auditeurs sont venus pour apprendre de nouvelles choses.

Remplissez toujours cette grille à partir de votre pitch de départ. Commencez par identifier le héros, ses atouts, ses faiblesses puis sa quête. Puis, à partir de la quête, de l'objectif, trouvez l'opposant le plus crédible et réaliste et enfin travaillez sur les adjuvants, les aides dont vous aurez besoin pour exposer votre idée.

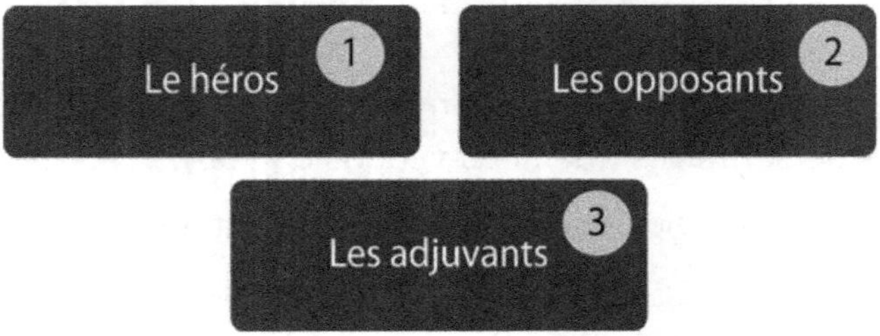

Le triptyque héros-opposant-adjuvant et les présidentielles de 2012

Revenons sur la politique pour apporter un éclairage « storytelling » à la campagne présidentielle de française 2012. Les stratèges de la communication politique utilisent ce triptyque pour construire la structure et le déroulement des campagnes de leurs poulains. Posons le héros-opposant-adjuvant des deux principaux candidats :

François Hollande :

- le héros : le candidat François Hollande ;
- l'opposant : l'argent (les banques, la finance, les riches) et par la même occasion : Nicolas Sarkozy représentant le « bling bling » donc l'argent ;
- l'adjuvant : la normalité.

Un triptyque qui n'a pas changé depuis l'annonce de sa candidature.

Nicolas Sarkozy :

- le héros : le candidat Nicolas Sarkozy ;
- l'opposant : Nicolas Sarkozy a choisi des opposantes différents tout au long de sa campagne :
  - opposant 1 : le premier quinquennat,
  - opposant 2 : la dette,
  - opposant 3 : l'étranger.

L'adjuvant principal a, de fait, changé en fonction des différents opposants :

- adjuvant 1 : l'expérience du métier de président ;
- adjuvant 2 : les différentes crises européennes et la gestion des sommets ;
- adjuvant 3 : le contexte d'insécurité avec l'affaire Merah.

Cette mini-analyse démontre que :

- le triptyque héros-opposant-adjuvant est un socle qui permet de construire une histoire cohérente et complète ;
- pour gagner, l'opposant doit être choisi parmi les obstacles que l'opinion a le plus envie d'entendre ;
- le gagnant est celui qui a l'opposant le plus juste et le plus partagé par l'opinion.

L'articulation du triptyque héros-opposant-adjuvant dans le schéma narratif professionnel

Le héros, l'opposant et l'adjuvant viennent se placer à l'intérieur de votre schéma narratif professionnel. Ils constituent la chair, le sang, les muscles qui viennent donner vie au squelette que représente la structure du schéma narratif professionnel. Il y a donc une correspondance directe et parfaite de chacun – du héros, de l'opposant et de l'adjuvant – avec le schéma narratif professionnel.

Situation initiale	Élément perturbateur/ intrique	Éléments de résolution	Situation finale
Le contexte analysé et le bilan des épisodes précédents si nécessaire	La problématique	Des éléments d'études, des partis pris, des points d'appui + l'idée	Les actions qui concrétisent l'idée, les résultats attendus
⬇	⬇	⬇	⬇
Présentation du héros : ses atouts, ses faiblesses De sa quête : l'objectif, le « pour générer quoi » du pitch Des opposants à la quête du héros	Une question combinant la quête et les opposants Ex : Comment atteindre cet objectif alors qu'il y a cette opposition ?	Le ou les adjuvant(s)	La concrétisation de la quête du héros

Le triptyque héros-opposant-adjuvant et l'émotion

Personnifier sa présentation professionnelle

L'autre avantage non négligeable de ce triptyque héros-opposant-adjuvant sera de vous permettre de personnifier votre présentation pour y mettre davantage de vie. En effet, une fois que vous aurez malaxé ces trois éléments, que vous les aurez parfaitement identifiés, vous aurez naturellement envie de les humaniser. Très vite, vous verrez votre sujet (le héros) comme un chevalier sans peur ou encore comme une Belle au bois dormant. Vous imaginerez son opposant en vilain dragon cracheur de feu ou en belle-mère acariâtre. Enfin, vous inventerez un adjuvant, comme le coup de baguette magique salutaire ou une armée de villageois prêts à aider votre héros. Le fait de considérer votre sujet professionnel comme une personne vous fera automatiquement y associer des émotions. La présentation aura, alors, tout le potentiel pour devenir une véritable histoire.

Bon à savoir

Les analogies avec des personnages connus sont plus simples à trouver et à comprendre si vous les faites sur le héros, votre sujet, ou l'opposant, l'obstacle que vous aurez identifié. En effet, il n'est pas facile de trouver une analogie pouvant résumer l'adjuvant.

Pour la marque de soda (le héros), si nous cherchons à la rapprocher d'un personnage vivant, elle pourrait être comparée à l'héroïne de Disney, Mulan. Cette jeune fille qui veut aller à la guerre et se déguise en homme avec une armure.

Cette analogie vous permettra d'être plus précis dans la description de la marque au début de votre présentation (la situation initiale) : « Notre marque a une armure trop lourde qui l'empêche d'aller vers les autres et notamment de partager » au lieu de : « Notre marque est perçue comme une boisson masculine, ce qui ne lui permet de pénétrer un marché plus large. »

Cette formulation ouvrira l'esprit de votre auditoire et lui fera ressentir de manière émotionnelle la description de votre héros.

Changer de point de vue

L'autre possibilité pour mettre de l'émotion dans votre présentation sera de prendre des points de vue différents pour faire intervenir d'autres narrateurs que vous : des experts, des consommateurs… Vous pourrez, par exemple, introduire dans la description de votre sujet (héros), un passage qui intègre la vision d'un consommateur.

L'intervention d'un consommateur homme pour démontrer combien l'image « masculine » est ancrée : « Lorsque je commande cette boisson, je sais que je ne fais pas d'erreur, c'est un truc de mec, les filles le savent très bien » (Paul, consommateur fidèle de la marque).

Autre exemple pour une présentation financière : vous pourrez intégrer le point de vue de votre patron ou des actionnaires dès la situation initiale afin d'impliquer l'auditoire et de montrer que vous l'avez parfaitement compris et entendu : « Il faudra avoir une vision plus large de la capacité de financement de l'entreprise pour pouvoir prendre les décisions adéquates » (P-DG de l'entreprise).

Quelques trucs pour utiliser ces deux figures de style

La personnification et le changement de point de vue ne doivent pas être utilisés tout au long de la présentation. Ces figures de style ne sont d'ailleurs pas forcées d'y apparaître explicitement. Le seul fait d'y avoir pensé vous aidera à trouver les mots justes et à ne pas utiliser vos jargons professionnels trop génériques et peu signifiants. Cependant, si vous pouvez ou souhaitez utiliser ces figures de style plus explicitement, je vous suggère de le faire dans la situation initiale et dans la situation finale.

Cela permettra :

- de poser une image claire de la situation initiale et de finir sur une image forte en situation finale ;
- d'encadrer la présentation par des éléments émotionnels forts, au début et à la fin de la présentation.

Pour aller plus loin, vous pourrez également utiliser une métaphore pour résumer votre problématique, votre intrigue. En revanche, si vous choisissez cette option, écrivez également la problématique en termes professionnels juste en dessous de votre métaphore afin de ne pas perdre votre auditoire.

Exemple de problématique/intrigue pour notre marque de soda : Comment enlever une armure trop masculine pour se montrer sous son vrai jour et enfin partager, aller vers tous les consommateurs ?

Bon à savoir

Ces « recettes » qui déclenchent de l'émotion peuvent comporter certaines limites, si vous en abusez :

✓ elles peuvent faire gadget ;

✓ elles peuvent ne pas être comprises de tous si vous choisissez une analogie ou une personnification trop confidentielle que seul, vous, connaissez ;

✓ elles peuvent également perdre l'auditoire car il y a trop d'écart entre votre propos professionnel et la personnification que vous aurez choisie.

En résumé, grâce au triptyque héros-opposant-adjuvant, vous pourrez ajouter la « couche » émotionnelle indispensable à faire de votre présentation une véritable histoire en :

- utilisant une analogie avec des personnages connus pour décrire le héros ou l'opposant ;
- prenant des points de vue différents dans la présentation en faisant intervenir d'autres narrateurs (expert, consommateur…) ;
- métaphorisant la problématique en plus de l'écrire explicitement.

Exercice

Dans votre présentation, à quel personnage pourrait correspondre votre sujet (héros) et ses obstacles (opposants) ? Ou quel point de vue pourriez-vous prendre pour les décrire ou encore pour poser la problématique (intrigue) ?

Au stade où nous en sommes, vous avez tous les éléments pour construire une bonne histoire, une bonne présentation écrite :

- vous avez choisi un ton rassurant ou séduisant ;
- vous avez écrit votre pitch : quoi, comment, pour générer quoi ?
- vous avez posé une structure : situation finale, intrigue, éléments de résolution, situation finale ;
- vous avez trouvé le cœur de l'histoire : le héros, la quête, l'opposant et l'adjuvant.

Quelques précisions supplémentaires

J'aurais pu commencer directement la description de cette méthode par le héros, les opposants, les adjuvants. Cependant, ma conviction profonde consiste à croire qu'une bonne histoire ou une bonne présentation ne dépend pas de ses personnages. C'est l'histoire qui prime ! « C'est l'histoire, le boss », comme dit Stephen King ! Il faut d'abord savoir ce que vous voulez écrire avant d'en définir les personnages.

Le pitch et la structure sont pour moi l'essentiel d'une bonne histoire, d'une bonne présentation. Les personnages arrivent après, sinon vous risquez de vous lancer dans une description sans fin de ce qui les compose, pour finalement vous rendre compte que vous ne maîtrisez pas le fond de ce que vous voulez dire. L'auditoire pourra alors être perdu. Il est donc nécessaire et indispensable de démarrer par le pitch.

Voici un tableau synoptique de la totalité de la méthode storytelling appliquée aux présentations professionnelles :

Le pitch :
Quoi ? Comment ? Pour générer quoi ?

Situation initiale	Élément perturbateur/intrique	Éléments de résolution	Situation finale
Le contexte analysé et le bilan des épisodes précédents si nécessaire	La problématique	Des éléments d'études, des partis pris, des points d'appui + l'idée	Les actions qui concrétisent l'idée, les résultats attendus
↓	↓	↓	↓
Présentation du héros : ses atouts, des faiblesses De sa quête : l'objectif, le « **pour générer quoi** » du pitch Des opposants à la quête du héros	Une question combinant la quête et les opposants Ex : Comment atteindre cet objectif alors qu'il y a cette opposition ?	Le ou les adjuvant(s) + le « quoi » du pitch	Le « **comment** » du pitch et la concrétisation de la quête

Une fois tous ces éléments posés sur votre feuille, vous pouvez maintenant rallumer votre ordinateur et enfin, écrire votre présentation.

Chapitre 5

Les 12 règles d'écriture d'une présentation

« Toute écriture est politique
puisque toute écriture est une vision du monde. »

Marie Darrieussecq

Pour passer à l'écriture de votre présentation, voici quelques règles de base que vous connaissez peut-être déjà, mais qu'il vaut toujours mieux avoir en tête avant de commencer à écrire.

Règle n° 1 : « Ce qui se conçoit bien s'énonce clairement »

Vous devez avoir en tête cette citation de Nicolas Boileau lorsque vous écrivez. En effet, il est nécessaire d'avoir le pitch devant vous en permanence comme guide. Demandez-vous si ce que vous écrivez va dans le sens du pitch. Si c'est le cas, parfait ! Sinon, recommencez jusqu'à ce que ce le soit. Vous ne devez rien inventer au moment de l'écriture.

Règle n° 2 : éviter le jargon professionnel

L'histoire la plus importante est celle qui se crée dans l'esprit de ceux qui vous écoutent. Savez-vous que le cerveau humain fabrique une image sur chaque idée qu'il entend ? Par conséquent, le choix des mots que vous utilisez est une des choses les plus importantes dans l'écriture. En effet, faites un petit test, demandez autour de vous quelle image se crée lorsque vous dites : « Ce matin, j'ai croisé une femme âgée. »

Chaque personne aura une vision différente de cette phrase. Certains verront une septuagénaire, d'autre une grand-mère ou encore une femme de 60 ans, etc. Chaque personne verra l'image qui correspond à sa propre vision du monde. Je verrai personnellement la vieille femme voûtée que je croise tous les matins en allant à mon travail.

Cette phrase est simple alors imaginez si vous dites : « Je vous propose de trouver un nouveau gel douche porte-drapeau pour porter les valeurs de la *core range* ! » Même si vos interlocuteurs sont de la partie, ce n'est pas clair : voulez-vous créer un nouveau produit, un nouveau parfum pour ce produit ? Y a-t-il d'autres gammes *(ranges)* que la principale *(core)* ?

Nous sommes tous différents, nous avons tous des références personnelles différentes, donc plus vous êtes flou ou « jargonneux », plus vous risquez de voir votre auditoire prendre des chemins différents de celui que vous vouliez lui faire emprunter.

Pour éviter cela, il faut choisir précisément ses mots et éviter le jargon professionnel qui vous rassure parce qu'il vous donne l'impression de faire partie du cercle fermé de votre auditoire mais qui égarera.

Règle n° 3 : 1 idée = 1 diapositive

Comme pour un film où chaque plan permet de faire avancer l'histoire, chaque diapositive a pour objectif de faire avancer votre présentation. Sinon, elle n'a rien à faire dans l'histoire. Une diapositive doit développer une idée et une seule, pas davantage. Il faut trois secondes au cerveau de votre interlocuteur pour intégrer, comprendre et digérer ce que vous dites. Donc, si vous avez plus d'une idée par diapositive, son cerveau risque d'imploser et sa concentration lâcher.

Pour être sûr que chaque diapositive a sa place dans la présentation, classez leurs titres dans le tableau du schéma narratif professionnel que nous avons vu précédemment.

Règle n° 4 : le titre d'une diapositive = 6 mots

Normalement, si vous avez bien respecté la règle précédente, vous pouvez résumer le contenu de votre diapositive dans son titre. Le titre de la diapositive est vraiment important car il est le point d'entrée de votre lecteur et auditeur. Un titre clair n'a pas besoin de comporter plus de six mots. C'est d'ailleurs une des règles majeures à respecter dans le référencement d'un site internet. Exemples : « Un parfum de 20 ans d'âge » ; « Une magie qui opère toujours. » Vous pouvez vous amuser à faire de jolies phrases dans vos titres, la présentation n'en sera que plus émotionnelle et personnelle.

Règle n° 5 : un titre unique par diapositive

Il vous faudra concevoir un titre unique pour chaque diapositive. Un trop grand nombre de présentations comporte encore six fois de suite le même titre souvent trop général. Sachez que lorsque le titre est le même sur plus d'une diapositive, c'est comme s'il n'existait pas, car votre interlocuteur l'a intégré comme faisant partie de la diapositive précédente.

Exemple à ne pas suivre : « contexte » ou « objectifs » sur trois ou quatre diapositives d'affilée.

ASTUCE

Astuce : relisez votre présentation au travers des titres. Si cela suffit à comprendre l'histoire : c'est gagné ! Sinon, refaites les titres qui vous sembleront mal formulés.

Règle n° 6 : 1 diapo = 1 titre + 2 ou 3 phrases + 1 image ou 1 chiffre

Une diapositive bien écrite comporte deux ou trois phrases simples maximum : au-delà, c'est du blabla. Par conséquent, elles n'auront rien à faire sur la même diapositive. N'oubliez pas que ces deux ou trois phrases développeront le titre, elles ne rajouteront pas de nouvelles idées.

Nous avons vu dans la règle n° 2 que le cerveau fabrique systématiquement une image pour une idée. Il est donc recommandé d'ajouter à ces deux ou trois phrases une image, un schéma, des chiffres afin d'aider votre auditoire à mieux vous comprendre et ainsi d'éviter les malentendus. Attention à ne pas être trop systématique : trop d'images ou de schémas deviendront répétitifs et auront pour effet d'endormir votre public. Essayez d'être surprenant en alternant diapositives avec images, schéma et sans rien.

Règle n° 7 : usez et abusez des diapositives de transition

Dans les présentations, je vois souvent des pages de texte ininterrompu les unes à la suite des autres. Cela signifie que vous demandez à votre public de suivre attentivement tout le déroulement de votre histoire sans jamais lui autoriser de pause. Afin de vous assurer un public attentif tout au long de votre présentation, insérez des diapositives de transition qui permettront à votre auditoire de souffler. Ces diapositives de transition sont par exemple : « La cible » sans rien d'autre sur la diapositive ; « L'idée » sans rien d'autre sur la diapositive.

Vous pouvez même vous amuser avec l'auditoire en faisant des transitions vivantes, drôles, sous forme de questions par exemple : « Et la cible dans tout ça ? » ; « C'est quoi l'idée ? »

Ces moments de repos pour l'esprit de votre auditoire seront les séparateurs nécessaires à montrer que vous maîtrisez la narration de votre présentation et, en même temps, le lien émotionnel nécessaire à l'adhésion.

BON À SAVOIR

Je sais que l'obsession des présentateurs est de concevoir des présentations avec le minimum de diapositives. Or, les transitions ne rajoutent pas de contenu. Si vous avez une présentation de 40 pages et qu'avec ces fameuses diapositives de transition vous arrivez à 50 pages, ce n'est pas dramatique ! Elles ne comptent pas pour du contenu mais pour des pauses. C'est exactement comme si vous pouviez mettre « pause » sur un CD. Il y a des moments où cela peut être salutaire.

Règle n° 8 : faites une conclusion

Ne comptez pas sur l'auditoire pour se souvenir de tout ! Faites une conclusion avec les idées principales. Cette conclusion peut très bien être votre pitch qui résume, normalement, tout ce que vous souhaitez que l'auditoire retienne. Cette conclusion est un « au revoir » poli et bienveillant. Lorsque vous invitez des amis à dîner, je suppose que vous ne vous levez pas à la fin du repas pour aller vous coucher en leur laissant le soin d'aller à la porte et de rentrer chez eux.

Généralement, le dîner se termine naturellement, on se dit au revoir et en se promettant de se revoir très vite. Lorsque vous faites une présentation, c'est pareil ! Il est de bon ton de raccompagner avec chaleur votre auditoire à la fin en lui rappelant ce que vous avez proposé dans ce qu'ils viennent de vivre avec vous.

Cette conclusion doit venir en dernier : il n'y aura pas d'autres diapositives après. Le budget, le timing, l'équipe, l'endroit où l'on peut se procurer le produit que vous proposez, etc. sont placés avant cet « au revoir ». À moins que vous n'ayez l'intention d'écrire une présentation, comme la pièce de théâtre de Yasmina Reza *Le Dieu du carnage*, où les personnages n'arrivent jamais à se dire au revoir, une conclusion est la fin de l'histoire, l'au revoir ultime.

Règle n° 9 : simplifiez toujours ; pour cela, lire, lire et relire

Faire et refaire, écrire et réécrire pour arriver à être percutant, efficace et authentique. Stephen King raconte que lorsqu'il envoyait ses nouvelles aux revues littéraires au début de sa carrière, il recevait très peu de refus personnalisé sauf une fois. Cette fois-là, l'éditeur lui avait écrit : « C'est un peu poussif, relisez-vous et vous gagnerez en efficacité ». La relecture est une garantie de fluidité. La version 2 de votre présentation est toujours meilleure car elle est égale à la version 1 allégée de 10 % du contenu inutile.

Retenez cette formule magique : V2 = V1-10 %. Les 10 % de gras inutile qui perturbent et ne servent à rien.

BON À SAVOIR

> Le cerveau humain peut se concentrer 45 minutes d'affilée, au-delà, il décroche. En simplifiant, vous pouvez vous donner un objectif pour tenir dans ce laps de temps. Une diapositive PowerPoint bien écrite = 2 à 3 minutes de temps de parole.

Règle n° 10 : relisez à haute voix !

Seul Dieu a bien fait en une fois (et encore !), alors tant que vous ne serez sa réincarnation, vous saurez qu'une première mouture comporte toujours des imperfections.

Il a été prouvé qu'il est nécessaire de relire 5 fois son texte à haute voix pour :

- repérer les incohérences ;
- rendre les titres plus incisifs (en moyenne 6 mots) ;
- mieux mettre en avant les points-clés ;
- faciliter un déroulement fluide et aisé ;
- identifier les diapositives inutiles ;
- apprécier la durée probable de votre présentation.

La lecture à haute voix permet de juger avec l'oreille et donc de devenir l'auditoire. De plus, c'est plutôt pratique de relire avant de présenter ou d'envoyer, car quoi de plus gênant qu'une erreur, une faute d'orthographe, une diapositive mal placée dont on se rend compte en pleine présentation. Cela pourra vous déstabiliser et vous procurer de véritables sueurs froides. Pire, vous aurez beaucoup de mal à vous en détacher pour continuer sereinement. Il vaudra donc mieux repérer tout cela avant la présentation en relisant à haute voix.

Ménagez-vous une demi-heure de relecture, dans le métro, dans votre lit, où vous voulez. Il y a mille et un endroits pour le faire, je suis sûre que vous trouverez le vôtre. Votre auditoire vous en remerciera.

Règle n° 11 : soyez vous-même

Ne cherchez pas à faire comme votre boss, Steve Jobs ou encore la personne que vous admirez le plus. Louis Jouvet disait : « Plus on est personnel, plus on est universel. » Vous en avez des exemples tous les jours : feu Steve Jobs était on ne peut plus personnel dans l'écriture de ses présentations. Si vous êtes à l'aise en style « parlé » ou en style plus littéraire, faites comme vous savez et aimez.

On ne vous reprochera jamais d'avoir été honnête et authentique. En revanche, on repérera très vite les présentations formatées, stéréotypées. Elles sonneront faux et vous desserviront.

Règle n° 12 : c'est l'histoire, le boss ! Pas vos personnages, ni votre stratégie

Je ne répéterai jamais assez que votre obsession doit se porter sur la cohérence, la simplicité et la structure de votre histoire. Tous vos éléments de démonstration doivent se mettre à leur service. Une bonne présentation est cohérente du début à la fin. elle comportera une intrigue ou problématique et sera structurée pour que toutes les informations arrivent à servir ce fil conducteur (le pitch). Vérifiez que vous avez bien respecté la règle des 3 « S », lorsque votre présentation est écrite :

- **S**ens (le pitch),
- **S**implicité (les règles d'écriture),
- **S**tructure (le schéma narratif professionnel).

BON À SAVOIR

Si vous le pouvez, faites relire votre présentation à une personne qui ressemble à l'auditoire. Si vous ne vous en sentez pas capable, c'est que votre présentation n'est pas à la hauteur de ce que vous espériez. Il faudra donc la retravailler. Je fais souvent relire mes présentations ou mes rapports à mon fils de 15 ans, impatient, difficile à convaincre, plein de bon sens pratique, fou de voitures. Eh bien dans 99 % des cas, quand il ne comprend pas ce que je veux dire, c'est qu'il y a un « loup ». Il y a quelques mois, je devais présenter une stratégie marketing pour fidéliser les acheteurs d'une grande marque de voiture. J'ai commencé par lire le pitch à mon fils en lui disant que je proposais un système de services Plus, d'avantages, de privilèges pour que les acheteurs puissent profiter pleinement de leur voiture. Il m'a répondu : « Maman, tu crois vraiment que des gens qui mettent aussi cher dans une voiture ont besoin de toi pour savoir comment l'utiliser ? »

.../...

Bon à savoir

…/…

J'ai eu beau lui expliquer que c'étaient des avantages sur la route, le trajet, le service nettoyage, le remplacement… Rien n'y a fait ! Il m'a claqué la porte de sa chambre au nez. Après cet échange plutôt direct, j'ai changé le pitch : « Je propose un concierge personnel aux possesseurs de cette marque, qui leur permettra d'accéder à un ensemble de privilèges autour de trois thèmes : le plaisir de conduite, le trajet et son potentiel culturel, l'assistance quotidienne pour qu'ils se sentent encore plus en sécurité, encore plus privilégiés. » La présentation s'est très bien passée, j'ai été félicitée sur la clarté et la différence de l'idée.

Le lecteur ou l'auditeur idéal vous rendra bien des services si vous êtes prêt à écouter vraiment ce qu'il a à vous dire.

Vous avez respecté toute la méthodologie que je viens de vous exposer, toutes les règles d'écriture. Vous détenez la présentation dont vous êtes fier : bravo ! Peut-être aurez-vous l'occasion de la présenter à l'oral, vous aurez ainsi la chance de pouvoir défendre votre projet auprès d'un auditoire et de sentir ses émotions. On me dit souvent que l'oral est plus important que l'écrit. C'est vrai. Une bonne prestation orale peut sauver une idée moyenne et rattraper une structure bancale. Cependant, ceux qui pensent que l'oral peut tout sauver vivent dangereusement car, quelquefois, cela peut ne pas marcher. Leur bonne prestance ne peut garantir l'accident. Alors que lorsqu'ils tiennent une bonne histoire à l'écrit, même ceux qui ne sont pas des orateurs hors pair s'en sortent toujours. Dans tous les cas, si vous devez présenter devant un auditoire, c'est le moment de vous donner quelques recettes pour optimiser à l'oral tout le travail que vous venez de faire à l'écrit.

Prezi, les présentations zoomables

Si vous voulez aller encore plus loin dans la mise en scène de vos présentations, un nouveau logiciel a vu le jour il y a quelques années : Prezi.

La particularité de ce logiciel est de ne plus gérer les présentations en séquentielle mais en dynamique. PowerPoint vous obligeait à écrire une diapositive après l'autre. Prezi vous permet de démarrer par une image globale de ce que vous voulez exposer puis de zoomer ensuite sur chaque partie pour entrer dans le détail du contenu de celle-ci.

Ce logiciel présente de grandes similitudes avec la méthodologie du storytelling :

- il vous oblige à lâcher l'ordinateur pour vous poser sur ce que vous avez à dire, donc à écrire un pitch ;
- vous pourrez découper chaque partie du schéma narratif dans Prezi et en faire des mini-présentations zoomables ;
- il vous permettra d'inclure des images, des films dans chaque partie.

Prezi est le logiciel le plus « storytelling » qui existe sur le marché pour les présentations professionnelles. Il y a fort à parier que, dans les années à venir, les histoires mises en page dans Prezi fleuriront dans les entreprises.

Chapitre 6

Les 12 règles d'un oral réussi

« On naît poète, on devient orateur. »

Cicéron

L'oral est la concrétisation de votre travail. Il va vous permettre de mettre en avant vos talents d'orateur mais aussi de conteur car c'est le moment où vous allez pouvoir partager ce que vous avez fait. Vous avez bien lu, j'ai écrit « partager » et non pas « vous faire juger ».

Tout le challenge de l'oral tient dans cette nuance. En effet, présenter à l'oral n'est pas un grand oral d'examen. Cela doit être pour vous le moment où vous allez enfin pouvoir rencontrer l'auditoire que vous avez imaginé, pour lequel vous avez écrit. C'est un moment particulièrement excitant si vous le prenez comme tel.

Avant de vous donner les règles principales de présentation à l'oral, laissez-moi vous rappeler qu'une histoire se raconte avec la parole… mais aussi avec le corps. J'ai constaté à tellement de reprises combien le corps était absent de tout ce qui a trait au professionnel. Et, pourtant, 93 % de la transmission d'un message se fait avec le ton, les gestes, le regard, les intonations, la posture, les mains. Cela signifie que les 7 % restants sont les mots. Rappelez-vous le schéma du cerveau que nous avons vu au tout début de ce livre. Le déverrouillage de l'auditoire passe par la légitimité et l'émotion. Vous avez travaillé les mots, le sens et l'émotion dans la partie écrite, il s'agit donc, à présent, de les mettre en scène pour que vous soyez le meilleur porteur de votre histoire.

Règle n° 1 : respirez !

Quoi qu'il arrive, et c'est totalement normal, vous aurez le trac ! Pendant les trois premières minutes, vous aurez envie de fuir, vous perdrez vos moyens et c'est tout aussi normal. Les comédiens disent tous que s'ils n'avaient pas le trac, ils seraient nettement moins bons et performants. Il faut donc que vous ayez le trac ; il vous donnera la dose d'adrénaline nécessaire et donc l'énergie dont vous avez besoin. Cependant, il ne faut pas que cela vous bloque ou que ce soit désagréable (par exemple : avoir les mains moites, la voix qui tremble, les joues empourprées, le manque d'air pour finir vos phrases…).

Toutes ces petites manifestations qui vous perturbent dérangeront la concentration de votre auditoire. La respiration régulière est le meilleur outil contre tous ces désagréments.

Exercice

Vous pouvez pratiquer ce petit exercice de respiration régulière tous les jours : main sur le ventre, imaginez que votre ventre est un ballon qui se gonfle quand vous inspirez et qui se dégonfle lorsque vous expirez. Pratiquez cet exercice quand vous le pouvez. Vous verrez, il apaise et dégage le diaphragme pour éviter le stress.

Rougir est un phénomène naturel qui survient lorsque vous manquez d'air. L'autre respiration est la respiration express que vous ferez juste avant votre prestation orale dans les toilettes, dans le hall d'accueil de l'entreprise ou ailleurs. Cette respiration consiste à intercaler, entre chaque inspiration et chaque expiration, trois secondes d'apnée afin d'augmenter l'air qui passe dans votre corps et ainsi vous donner plus d'énergie. L'autre avantage de cette respiration est de vous faire vous concentrer sur autre chose que sur votre trac.

Entraînez-vous à pratiquer cette respiration.

Pour arriver devant votre auditoire en ayant l'air parfaitement détendu : faites juste une inspiration et une expiration avant de démarrer. L'avantage de cette pratique est de vous faire commencer à parler sur un sourire. En effet, vous remarquerez qu'une expiration se termine naturellement sur un sourire.

Entraînez-vous donc à inspirer et expirer en terminant par un joli sourire.

Règle n° 2 : répétez, le meilleur truc contre le trac

Pour maîtriser le trac, l'autre recette infaillible est de bien répéter. Cela vous permettra d'être plus à l'aise, plus détaché du support écrit puisque vous le connaîtrez. Vous aurez envisagé toutes les transitions orales de vos parties. Cela participera à vous faire sentir beaucoup plus détendu.

Bon à savoir

La répétition ne tue pas la spontanéité ! Répétition et spontanéité sont loin d'être des antonymes. Pour preuve : les acteurs répètent des centaines de fois avant une pièce de théâtre et ont l'air totalement spontanés lorsqu'ils jouent. Même si vous avez l'intuition de trahir votre auditoire lorsque vous ne lui accordez pas la primeur de votre présentation, répétez sinon vous serez en improvisation ! Cela peut-être parfait comme totalement raté. Vous prenez donc un risque : c'est à vous de voir si vous avez envie de laisser le hasard décider ou plutôt mettre toutes les chances de votre côté.

Règle n° 3 : entraînez-vous à mettre le ton

Le ton, c'est l'expression de nos émotions et de notre implication. Même dans les présentations professionnelles, il est nécessaire de paraître impliqué. Pourquoi l'auditoire aurait-il envie d'adhérer si vous ne l'êtes pas vous-même et si vous vous adressez à lui d'un ton monocorde et désincarné ? Si Steve Jobs n'avait pas été si impliqué, il n'aurait peut-être pas vendu autant de produits, ni convaincu autant d'investisseurs. Sans aller jusqu'à lui, il s'agit de mettre le ton sur les éléments importants de votre présentation afin d'éviter à l'auditoire de s'endormir. Mettre le ton, c'est isoler certains mots d'une phrase pour vous en approprier totalement le sens.

Exercice

Prenez une partie de votre présentation, isolez l'idée ou les idées principales et lisez-la en mettant un silence de deux secondes avant et après chaque idée importante.

Règle n° 4 : gardez une attitude d'ouverture

Imaginez que je vous parle en mettant un ordinateur entre vous et moi, ou que je me positionne de trois quarts, lorsque je présente, pour pouvoir lire ce qui est projeté sur le mur. Vous n'aurez certainement pas envie de m'écouter, n'est-ce pas ? C'est pourquoi vous devez éviter absolument de lire ce qui est projeté lorsque vous présentez et ne mettez jamais votre ordinateur devant vous lorsque vous vous adressez à un auditoire. Mettez-le de côté de façon à pouvoir suivre discrètement, mais en faisant en sorte qu'il ne se positionne pas entre vous et l'auditoire.

Pour ce qui concerne la posture, pensez à être bien ancré au sol, jambes écartées à hauteur de hanche, légèrement appuyé sur la voûte plantaire, les mains hautes ensemble, c'est-à-dire à hauteur de poitrine. C'est la posture d'ouverture idéale pour votre auditoire. Cependant, il faut que ce soit naturel. Vous n'êtes pas obligé de rester ainsi pendant toute la durée de la présentation, vous pouvez bouger. Si vous le faites, essayez de revenir à cette posture le plus souvent possible. Si vous ne savez pas quoi faire de vos mains en démarrant, prenez un stylo, sans faire de bruit parasite.

Règle n° 5 : laissez vivre vos mains

« Que faire de mes mains ? » est la question qui revient en permanence lorsqu'on travaille l'oral, lorsqu'on est en présentation. La réponse est simple : vos mains sont le prolongement de votre bras, qui eux-mêmes sont accrochés à votre corps. Elles sont donc dépendantes de tout votre corps et doivent vivre avec ce que vous dites ! Vous posez-vous cette question quand vous discutez avec des amis ? Non, vous n'y pensez même pas !

Si vous êtes réellement impliqué dans ce que vous dites, elles se placeront naturellement par rapport à vos mots. Vos mains sont la première preuve de votre implication. Les gestes mécaniques ou exagérés feront automatiquement décrocher votre auditoire. Vous ne semblerez pas crédible ni authentique. Donc, n'y pensez pas !

BON À SAVOIR

Ne pensez pas à la phrase que vous allez dire après et vos mains seront justement placées. Pour pouvoir être tranquille quant au placement de vos mains, là encore, la répétition est la meilleure recette (encore une fois !). Elle vous permettra de vous dégager du texte et donc d'être présent naturellement à votre auditoire.

Exercice

Répétez votre présentation en imaginant que vous la racontez à un ami, sans vous préoccuper de vos mains.

Règle n° 6 : faites une introduction

Les trois premières minutes d'une présentation sont cruciales. Il faut donc, à tout prix, échapper à cette torture. Pour cela, il faut absolument détendre l'atmosphère, mais aussi vous détendre vous-même. Vous devez donc vous obliger à préparer une introduction simple avant d'attaquer votre présentation. Celle-ci comportera impérativement trois parties :

- un accueil et une petite présentation de qui vous êtes et pourquoi vous êtes là ou un rappel de comment vous avez travaillé (votre légitimité) ;

Exemple : « Bonjour, j'espère que vous allez bien. Vous êtes bien installé ? (Silence et attente des réponses de l'auditoire.) Je suis X...» ;

- une anecdote qui illustre le sujet ou la façon dont vous avez travaillé sur le sujet avec légèreté.

Exemple : Vous faites la présentation d'un produit écologique : « Je suis personnellement impliqué dans ce que nous allons voir aujourd'hui puisque depuis quelques années maintenant je trie mes ordures et je fais partie d'un collectif qui apprend aux enfants à trier les déchets. » Cette anecdote sera, de préférence, réelle et authentique.

- Un plan de ce que vous allez présenter : « Dans un premier temps, je vais vous présenter le bilan des informations que vous nous avez transmises ; ensuite, je vous ferai part de nos convictions ; enfin, nous passerons au plan opérationnel que nous vous proposons. »

Comme vous le constatez, cette introduction vous aura permis d'entamer un dialogue avec l'auditoire. C'est essentiel pour vous positionner comme un interlocuteur et non pas un candidat au jugement.

Par ailleurs, elle a également pour vertu de les mettre en condition d'écoute. Si vous démarrez immédiatement votre présentation, vous allez mettre plus de temps à capter leur attention. C'est comme si vous les poussiez dans la piscine sans leur avoir demandé de se mouiller un peu avant, ce sera un peu trop violent pour qu'ils puissent vous suivre tout de suite.

Règle n° 7 : enveloppez la salle de votre regard

La seule garantie de maintenir l'attention tout au long de votre présentation, c'est de ne jamais couper le lien avec votre auditoire. Ce lien se matérialise par le regard. Ne balayez pas mécaniquement la salle de votre regard. Obligez-vous à regarder réellement, mais de manière aléatoire, toutes les personnes composant votre auditoire. « Réellement » signifie que tout le monde doit sentir que vous vous adressez à lui, mais avec naturel. Le regard est la deuxième preuve de votre implication, c'est ce qui démontre que vous êtes présent.

Bon à savoir

Si vous présentez dans une grande salle avec un grand nombre de personnes dans l'auditoire, découpez la salle mentalement en quatre grands carrés et regardez aléatoirement chacun de ces carrés. Attention à ne pas avoir le regard vide d'un poisson mort ! Mettez de la vie dans vos yeux en regardant quelques personnes dans les carrés que vous aurez défini.

Règle n° 8 : usez et abusez des silences

La grande différence entre un conteur et nous, ce sont les silences. Ils sont l'écrin des présentations. Ils permettent de faire souffler, d'accrocher votre auditoire. L'idéal est de faire de 2 à 3 secondes de silence entre chaque idée importante, le temps nécessaire au cerveau pour intégrer une idée. Si vous envoyez à votre auditoire deux idées l'une à la suite de l'autre, il en attrapera une dans le meilleur des cas, aucune dans le pire. L'auditoire sera respectueux de votre présentation si vous montrez que vous vous en délectez.

BON À SAVOIR

Lorsque vous ne mettez pas de silence, l'auditoire peut penser que vous n'êtes pas sûr de vous ou que vous cherchez à vous débarrasser de cette présentation. Ce n'est donc vraiment pas le meilleur moyen pour les accrocher.

Demandez-vous combien de temps de pause vous devez faire entre chacune de vos idées.

Règle n° 9 : habitez vos silences

Les silences peuvent faire peur car vous avez l'impression de faire un exercice théâtral sans aucune authenticité. C'est pourquoi le silence n'est utile que lorsqu'il est habité. Pour habiter les silences, appuyez-les du regard, assumez-les, comme le conteur. Avant chaque idée importante, faites un silence pendant lequel, vous penserez intérieurement sans le dire : « Vous ne savez pas ce que je vais vous dire… », ensuite, vous présenterez votre idée puis vous marquerez à nouveau un silence et penserez intérieurement : « Ça va, vous avez compris ? » en regardant l'auditoire.

Ces pensées intérieures, comme vous le constatez, sont tournées vers l'auditoire, il ne s'agit pas d'avoir des pensées intérieures tournées vers vous. Cela couperait la connexion alors que vous en attendez l'effet inverse. Ce petit « truc » vous permettra d'avoir un regard, une expression du visage qui ne permettra pas à l'auditoire de vous couper et en même temps qui le tiendra en haleine.

Bon à savoir

Pendant ces silences habités, n'ayez pas peur que l'on pense que vous ne savez plus quoi dire ou que l'on vous bombarde de questions. Si vous les habitez correctement, personne n'osera vous couper.

Exercice

Entraînez-vous sur la présentation que vous venez d'écrire à marquer des silences et à les habiter avec des pensées intérieures.

Règle n° 10 : ne parlez pas en lisant vos diapositives

Il est particulièrement difficile de ne pas lire son texte pendant qu'on le présente. Cette attitude a un effet immédiat : vous couper de l'auditoire. Pour éviter cela, lisez d'abord en silence pour vous-même et parlez ensuite. Ne faites pas les deux en même temps. Cette astuce vous permettra de :

- garder le plus possible le contact visuel avec le public ;
- pouvoir faire des silences salutaires à la compréhension de l'auditoire et à votre implication.

Exercice

Entraînez-vous à présenter sans lire votre texte : lisez le texte en silence pour vous et ensuite, posez votre regard et dites ce que vous avez à présenter.

Règle n° 11 : ne parlez pas en même temps que vous marchez

Une fois que vous serez lancé dans votre présentation orale, vous pourrez avoir tendance à bouger, à marcher. Ce n'est absolument pas interdit puisque cela permet de dynamiser la salle. Cependant, lorsque vous parlez en même temps que vous marchez ou bougez, c'est inconfortable pour votre auditoire. Par conséquent, essayez de parler sans marcher ni bouger, pour le faire quand vous ne parlez pas.

Exercice

Entraînez-vous à présenter sans parler en même temps que vous marchez avec une partie de la présentation que vous avez écrite.

Règle n° 12 : répétez 3 fois le pitch à des moments différents

Steve Jobs a l'habitude de répéter trois fois au moins, le message principal de son discours. Vous l'avez sans doute remarqué dans son allocution de Stanford, son idée principale était : « connecting the dots ». Celle-ci est apparue à trois reprises dans son allocution. Cette répétition de l'idée est également grandement utilisée par bon nombre d'hommes politiques. C'est une recette redoutable pour que l'auditoire retienne l'essentiel et reparte avec un message, une idée claire et transmissible. Dans votre présentation orale, je vous suggère de faire la même chose, en vous servant de l'idée de votre pitch (le « quoi »).

BON À SAVOIR

Vous pouvez, si vous le souhaitez, démarrer votre présentation en livrant directement l'idée. Cela permettra à l'auditoire d'avoir un point d'ancrage immédiat et surprenant. Si vous souhaitez faire une révélation de l'idée plus tard, répétez-la deux fois pendant la situation finale et dans votre conclusion.

Ces 12 règles d'oral sont des balises pour que tout le travail d'écrit que vous avez réalisé auparavant soit sublimé et ainsi écouté à sa juste valeur.

Chapitre 7

Le storytelling appliqué

Je vous propose quelques exemples d'utilisation de la méthode storytelling appliquée à des sujets très variés afin de vous permettre de vous exercer en fonction des présentations que vous aurez à faire.

Pour les communiqués de presse

Cas

X.fr est un site de vente en ligne, spécialiste du destockage de grandes marques. À la suite de la réouverture du site après la fermeture d'été, X.fr souhaite communiquer sur la reprise de ses ventes auprès des journalistes de la presse magazine « style de vie ».

Son objectif : au travers de ces journalistes, X.fr souhaite toucher les femmes pour les faire revenir sur le site et recruter de nouveaux membres à la rentrée.

Le pitch

Le « quoi » : X.fr annonce en exclusivité la possibilité d'être belles à la rentrée, aux lectrices des magazines féminins.

Le « comment » : grâce à une offre de vêtements de marques dont elles raffolent, à tout petit prix.

Le « pour générer quoi » : pour leur permettre de briller à la rentrée et ainsi prolonger le sentiment de bien-être qu'elles ont eu pendant les vacances.

Les personnages

Le héros	Les opposants	Les adjuvants
Les femmes qui rentrent de vacances belles et bronzées	La rentrée, le train-train quotidien, le stress, la vieille garde-robe, le prix des vacances, les impôts	Une exclusivité aux lectrices des magazines féminins

La structure

Situation initiale	Intrigue	Éléments de résolution	Situation finale
Le héros Les femmes qui rentrent de vacances belles et bronzées. Elles ont envie de prolonger cet état de grâce à la rentrée (la quête) **Les opposants** La rentrée, le train-train quotidien, le stress, la vieille garde-robe, le prix des vacances, les impôts	Comment faire pour prolonger le sentiment de bien-être et de renouveau des vacances alors que la rentrée et ses petites contrariétés menacent ?	**L'adjuvant** Une exclusivité aux lectrices des magazines féminins **Le « quoi »** X.fr annonce la possibilité d'être belles et toujours au top après les vacances	**Le « comment »** Grâce à une offre de vêtements de marque dont elles raffolent à tout petit prix **Le « pour générer quoi »** Prolonger leur sentiment de bien-être au bureau.

Pour une présentation des chiffres de l'année

Cas

Une entreprise de conseil doit présenter ses chiffres de l'année passée.

Le pitch

Le « quoi » : avoir su saisir et transformer une opportunité business à fort potentiel.

Le « comment » : grâce à l'intégration d'une nouvelle activité dès le second semestre n-1.

Le « pour générer quoi » : une augmentation de 100 % du chiffre d'affaires de l'année prochaine (n+1).

Les personnages

Le héros	Les opposants	Les adjuvants
L'augmentation du chiffre d'affaires n-1	La conjoncture économique morose en n+1	Une opportunité business : une nouvelle activité

La structure

Situation initiale	Intrigue	Éléments de résolution	Situation finale
Le héros L'augmentation du chiffre d'affaires n-1 La quête : continuer à développer le CA en n+1 **Les opposants** La conjoncture économique morose	Dans la difficile conjoncture actuelle, comment a-t-on pu augmenter le chiffre d'affaires de l'année précédente et comment peut-on continuer à le développer ?	**L'adjuvant** Une opportunité business : une nouvelle activité développée en n+1 **Le « quoi »** Avoir su saisir et transformer une opportunité business à fort potentiel en nouvelle activité	**Le « comment »** Grâce à l'intégration part entière de cette nouvelle activité dès le second semestre n-1 **Le « pour générer quoi »** Une augmentation de 100 % du chiffre d'affaires de l'année prochaine

Pour une présentation d'étude

Cas

Un acteur majeur de l'Internet veut comprendre quelle sera la place des régies internet demain. Il commandite une étude pour le savoir. Treize experts du Net ont été interrogés dans ce cadre.

Le pitch

Le « quoi » : le métier des régies a tendance à se rapprocher des métiers des agences média.

Le « comment » : grâce à l'utilisation accrue des données récoltées sur les internautes, les régies vont tendre vers trois types de compétence : des analystes de données, des programmateurs d'opérations spéciales, des facilitateurs de conversation avec les internautes.

Le « pour générer quoi » : pour pouvoir rentabiliser au mieux les investissements des marques sur Internet.

Les personnages

Le héros	Les opposants	Les adjuvants
Les régies et leur capacité à maîtriser leur audience	La difficulté pour les régies de valoriser leurs audiences par rapport à des agences qui doivent trouver un moyen de récupérer de la marge et des marques qui doivent rentabiliser leurs investissements	L'analyse des données internautes en temps réel

La structure

Situation initiale	Intrigue	Éléments de résolution	Situation finale
Le héros Les régies et leur capacité à maîtriser leur audience **Les opposants** La difficulté pour les régies de valoriser leurs audiences par rapport à des agences qui doivent trouver un moyen de récupérer de la marge et des marques qui doivent rentabiliser leurs investissements	Comment les régies vont-elles valoriser leurs audiences face à des agences qui les maintiennent à la baisse et des marques qui demandent des comptes ?	**L'adjuvant** L'analyse des données internautes en temps réel **Le « quoi »** Le métier des régies va se rapprocher des métiers des agences	**Le « comment »** Grâce à l'utilisation accrue des données récoltées sur les internautes, les régies vont tendre vers trois types de compétence : des analystes de données, des programmateurs d'opérations spéciales, des facilitateurs de conversation avec les internautes **Le « pour générer quoi »** Pour pouvoir rentabiliser au mieux les investissements des marques sur Internet et valoriser leur audience à sa juste valeur

Pour se présenter auprès d'un futur employeur

Cas

Je cherche un job de chef de groupe dans une agence de communication.

Le pitch

Le « quoi » : j'ai une double compétence de gestion de budget : le online et le offline.

Le « comment » : grâce à six ans d'expérience dans des agences spécialisées sur le Web et le 360°.

Le « pour générer quoi » : pour apporter une valeur ajoutée organisation et stratégique sur des budgets qui nécessitent de bien articuler les stratégies on et offline.

Les personnages

Le héros	Les opposants	Les adjuvants
Moi La quête : décrocher un job	Le contexte de crise. Les autres candidats pour des postes de ce type	Ma personnalité, la conjoncture qui nécessite de bien maîtriser les techniques 360°

La structure

Situation initiale	Intrigue	Éléments de résolution	Situation finale
Le héros Moi et ma personnalité **Les opposants** La difficulté d'émerger dans un contexte où les jobs sont rares	Comment me différencier en étant pertinent pour décrocher ce job ?	**Les adjuvants** Ma personnalité, la conjoncture qui nécessite de bien maîtriser les techniques 360° **Le « quoi »** J'ai une double compétence de gestion de budget : le online et le offline	**Le « comment »** Grâce à six ans d'expérience dans des agences spécialisées sur le Web et le 360° **Le « pour générer quoi »** Pour apporter une valeur ajoutée organisation et stratégique sur des budgets qui nécessitent de bien articuler les stratégies on et offline

Conclusion

« Les petites histoires se retiennent toujours mieux que les grandes. »

Yaël Gabison

Cette méthode n'est pas seulement une bonne base pour écrire des présentations qui feront mouche, elle vous permettra également de décrypter le monde qui nous entoure, l'actualité, les tensions géopolitiques et toutes les petites histoires qui composent notre monde.

Le monde professionnel est en train de basculer dans un système où l'influence devient le nerf pour acquérir de nouveaux clients ou pour les fidéliser. Le storytelling étant la méthode « reine » pour construire des ponts inconscients entre les consommateurs et les entreprises, il y a fort à parier que, dans les années à venir, il sera de plus en plus présent dans le monde professionnel. Cette méthode structurera un jour tous les récits des entreprises et permettra de mieux les présenter en y intégrant plus d'émotion. Le storytelling a la puissance de la publicité des années 1980 et la discrétion des recettes du lobbying. Le monde de l'entreprise en France ne l'a, malheureusement, pas encore totalement ni envisagé ni utilisé à sa juste valeur. Affaire de culture, me direz-vous ?!

Peut-être. Il est vrai qu'on a du mal à imaginer Bernard Arnault nous racontant son enfance heureuse à Roubaix et ses difficultés à Polytechnique. Cependant, une grande partie des entreprises françaises commencent à se pencher sur la construction d'une légende émotionnelle qui faciliterait grandement l'adhésion, la motivation des salariés ainsi que le pouvoir de désirabilité qu'elle pourrait avoir sur les clients ou prospects.

L'absence de normes et de repères oblige et obligera notre société à s'appuyer davantage sur les structures de pensée que sont les histoires. Nancy Huston, dans son livre *L'Espèce fabulatrice*, nous explique que chez l'homme tout est histoire, de son nom à son visage en passant par ses vêtements. Les histoires structurent et structureront désormais le monde à venir, vous ne pourrez plus passer à côté !

Bibliographie

Aristote, *Rhétorique*, Le Livre de poche.

Bazin François, *Le Sorcier de l'Élysée – L'histoire secrète de Jacques Pilhan*, Plon, 2009.

Bettelheim Bruno, *Psychanalyse des contes de fées*, Éditions Pocket.

Campbell Joseph, *Le Héros aux mille et un visages*, Éditions Oxus, 2010.

Denning Stephen, *The Leader's Guide to Storytelling: Mastering the Art and Discipline of Business Narrative*, Jossey-Bass, 2005.

Greimas Algirdas-Julien, *Sémantique structurale*, PUF, 1966.

Huston Nancy, *L'Espèce fabulatrice*, Actes Sud, 2008.

Jaffé Aniela, *Ma vie – Souvenirs, rêves et pensées*, Gallimard, 1967.

Machiavel, *Le Prince*, Le Livre de poche.

Moreau Michaël et Gorius Aurore, *Les Gourous de la com – Trente ans de manipulations politiques et économiques*, Éditions La Découverte, 2011.

Taleb Nassim Nicholas, *Le Cygne noir – La puissance de l'imprévisible*, Les Belles Lettres, 2008.

Index

Table des encadrés

Composé par Sandrine Escobar

Achevé d'imprimer par CPI France

N° d'imprimeur : 143692

N° d'éditeur : 4589

Dépôt légal : juillet 2016

Imprimé en France